O DESEJO

Frédéric Lenoir

O desejo
Um guia filosófico para viver plenamente

TRADUÇÃO
Marcos Almeida

Copyright © 2022 by Flammarion

Grafia atualizada segundo o Acordo Ortográfico da Língua Portuguesa de 1990, que entrou em vigor no Brasil em 2009.

Título original
Le désir, une philosophie

Capa e imagem
Estúdio Bogotá

Preparação
Cristina Yamazaki

Revisão
Jane Pessoa
Aminah Haman

Dados Internacionais de Catalogação na Publicação (CIP)
(Câmara Brasileira do Livro, SP, Brasil)

Lenoir, Frédéric
O desejo : Um guia filosófico para viver plenamente / Frédéric Lenoir ; tradução Marcos Almeida. — 1ª ed. — Rio de Janeiro : Objetiva, 2024.

Título original : Le désir, une philosophie.
ISBN 978-85-390-0834-6

1. Desejo (Filosofia) I. Título.

24-211341   CDD-128.3

Índice para catálogo sistemático:
1. Desejo : Filosofia   128.3

Cibele Maria Dias — Bibliotecária — CRB-8/9427

Todos os direitos desta edição reservados à
EDITORA SCHWARCZ S.A.
Praça Floriano, 19, sala 3001 — Cinelândia
20031-050 — Rio de Janeiro — RJ
Telefone: (21) 3993-7510
www.companhiadasletras.com.br
www.blogdacompanhia.com.br
facebook.com/editoraobjetiva
instagram.com/editora_objetiva
x.com/edobjetiva

Ai daquele que não tem mais nada a desejar!
Jean-Jacques Rousseau

Sumário

Introdução 9

PRIMEIRA PARTE: UMA SEDE INSACIÁVEL

1. Platão e o desejo como falta 21
2. Um cérebro chamado desejo 28
3. O desejo mimético 35
4. A inveja 41
5. Consumismo e manipulação do desejo 46
6. *Polegarzinha* alienada 53
7. O desejo sexual 61

SEGUNDA PARTE: A REGULAÇÃO DO DESEJO

1. Aristóteles e Epicuro: Sabedoria da moderação 75
2. Estoicismo e budismo: Libertar-se do desejo 83
3. A lei religiosa 89
4. Rumo à sobriedade feliz 96

TERCEIRA PARTE: VIVER COM INTENSIDADE

1. Espinosa e o desejo como potência 109
2. Nietzsche e "o grande desejo" 117
3. Cultivar o elã vital e sentir-se totalmente vivo 124
4. As três dimensões do amor-desejo 140
5. Místicas do desejo 150
6. Ousar desejar e reorientar a vida 159

Conclusão 171
Notas 183

Introdução

Cada desejo me enriqueceu mais do que a posse,
sempre falsa, do próprio objeto do meu desejo.
André Gide (século XX)

"O desejo é a essência do homem", escreveu o filósofo Baruch Espinosa no século XVII. Por sua natureza infinita, talvez seja o que nos caracterize, mas, acima de tudo, é o motor das nossas existências. De que valeria uma vida sem desejos? A variedade e a intensidade dos desejos nos levam a agir e nos dão a sensação de estar plenamente vivos. Já sua ausência — cujo sintoma moderno é a depressão — marca o colapso de nossa potência vital. Ao mesmo tempo, o desejo pode nos levar à paixão destrutiva ou ilusória, a uma insatisfação permanente, ao ódio ou à frustração nascidos da inveja e da luxúria, ou a todos os tipos de vício que nos privam da nossa liberdade interior.

O ótimo título do último filme de Luis Buñuel, *Esse obscuro objeto do desejo*, poderia ser "esse obscuro *sujeito* do desejo", pois essa noção, tão rica e complexa, tende a fugir constantemente à nossa compreensão. O que distingue o desejo da necessidade? Qual é a natureza do desejo? Como saber se um desejo é bom ou não? Como reconhecer nossos desejos mais íntimos em vez de emular os dos outros? Como escapar da insatisfação permanente e expressar os desejos de maneira justa, sentindo assim uma alegria profunda? Eis a ambição deste livro: esclarecer a noção de desejo do ponto de vista filosófico e, além disso, oferecer um *guia educativo do desejo*, essa força tão poderosa que mobiliza corpo, coração e mente... para o bem e para o mal. Pois, se a maior parte de nossos momentos de felicidade vem da satisfação de nossos desejos, o mesmo se dá com nossos infortúnios. Como então evitar o pior e buscar o melhor? Podemos aprender a desejar ou a direcionar adequadamente os nossos desejos?

DESEJOS ALIENANTES E DESEJOS LIBERTADORES

Estudos científicos recentes mostraram que é o cérebro primário, ou corpo estriado, que impulsiona nossos desejos mais básicos por comida, sexo, reconhecimento social ou informação. Também revelaram que o cérebro não tem limites nessa busca, recompensada pela substância química do prazer: a dopamina. Submetido ao corpo estriado, o ser humano é movido por uma sede ilimitada de desejos primários e do prazer que eles lhe proporcionam. Pesquisadores contemporâneos, como o antropólogo René Girard, demonstraram que o desejo humano é essencialmente mimético — desejamos o que os outros desejam — e que a comparação social constitui o cerne de nossas motivações. Essas descobertas apenas confirmam o que filósofos da Antiguidade, tanto no Oriente como no Ocidente, haviam observado com clareza: o desejo desempenha um papel essencial em nossa vida, e tanto a felicidade quanto os infortúnios dependem do controle do desejo. O ser humano precisa aprender a regular seus desejos: esse é o fundamento básico da educação e da civilização. A partir dessa constatação unânime se esboçam várias formas de regulação do desejo: a lei religiosa, que prevaleceu durante muito tempo e que continua a exercer forte influência; a filosofia grega e as correntes de sabedoria do Oriente, que se baseiam na razão para regular os desejos, para limitá-los e às vezes para suprimi-los; e, por fim, aquela desenvolvida por Espinosa, que propõe uma justa reorientação dos desejos, sem contudo pretender diminuir a força desejante do ser humano, concebida como o verdadeiro motor da existência. O desejo não é mais percebido como falta ou problema, mas como potência que deve ser corretamente direcionada. Portanto, não se deve pretender reduzi-lo, e muito menos eliminá-lo — e sim avivá-lo e cultivá-lo para transformar a "escravidão dos afetos" em potência da liberdade interior.

É este último caminho que me parece não só o mais pertinente, mas também o mais adaptado às necessidades do nosso tempo. Exaustos após três anos de pandemia, angustiados pelas consequências das mudanças climáticas, da guerra na Ucrânia ou da redução do poder de compra, desiludidos com a política e desconfiados de todas as instituições, muitos contemporâneos se sentem fragilizados e abalados — moral e psicologicamente. A consequência disso é um afrouxamento do que o filósofo Henri Bergson chamava de "elã vital", uma diminuição da nossa força desejante que pode afetar todas as áreas da nossa existência: profissional, amorosa, sexual, intelectual... Nós nos sentimos menos vivos, aproveitamos a vida com menos intensidade, a tristeza prevalece constantemente sobre a alegria. Isso leva alguns a se questionarem e decidirem reorientar a vida de acordo com outros valores além do consumismo e do reconhecimento social, dando a ela mais sentido, vivendo com mais sobriedade. Assim, muitos jovens procuram fugir do modelo dominante — sobretudo no campo profissional, mas também no campo sexual —, um modelo que não corresponde aos seus desejos profundos, mais orientados para o ser e a qualidade de vida do que para o ter e a performance. Paradoxalmente, porém — e isso vale para todas as crises da vida, e não é de hoje —, esse esgotamento do elã vital e do desejo se traduz igualmente numa exacerbação dos desejos mais materiais, pode-se dizer das vontades, que funcionam como compensações para essa forma de depressão: consumimos para nos dar minidoses de prazer. Esse consumismo pode assumir várias formas: compras compulsivas; vício em sexo, jogos e redes sociais; necessidade exagerada de reconhecimento social etc. Nossos desejos potentes e nossas grandes alegrias são assim transformados em pequenas vontades e em prazeres vazios. Inúmeras vezes nos tornamos escravos dessas vontades e prazeres, sem que eles de fato satisfaçam nossa sede mais profunda. Estou convencido de que só reencontraremos a liberdade e teremos uma alegria verdadeira cultivando o elã vital, despertando nossos desejos mais íntimos e os direcionando para objetos que nos façam crescer, que deem sentido à nossa vida, que nos permitam a realização plena de acordo com a nossa natureza singular. Mas o universo do desejo é um mundo vasto e complexo, e por isso vamos começar tentando defini-lo e nos perguntando sobre sua natureza.

O QUE É O DESEJO?

Os filósofos da Antiguidade concordam, por um lado, em definir o desejo como "aquilo que visa a um bem" (ou seja, o que percebemos como bom para nós). Segundo as palavras de Cícero, "o desejo se dirige, fascinado e inflamado, para aquilo que nos parece ser um bem".[1] Por outro lado, também o identificam como "apetite" (no sentido amplo do termo), um ímpeto que faz com que nos aproximemos de um bem que nos atrai. A aversão, ao contrário, designa o movimento que nos leva a tomar distância daquilo que percebemos como ruim. O desejo humano, embora muitas vezes pareça confundir-se com o instinto ou a necessidade, inclui uma parte imaginativa e uma parte consciente que o torna muito mais complexo. Sentir necessidade de se alimentar (sensação de fome) e desejar comer determinado prato, que desperta lembranças felizes, num ambiente agradável e com bons amigos, não são a mesma coisa. O mesmo vale para o desejo sexual, que não pode ser reduzido ao instinto de sobrevivência da espécie ou à simples satisfação de uma necessidade fisiológica. A psicanálise mostrou perfeitamente que, antes de se fixar num objeto, o desejo está envolvido numa dinâmica complexa e criativa (emoções, fantasias, projeções, transferências etc.) — o que levou Gaston Bachelard a escrever que "o homem é uma criação do desejo, e não da necessidade".[2]

Ainda que os objetos de desejo dos seres humanos sejam extremamente plurais, é possível demarcar algumas grandes categorias. Platão estabelece uma distinção entre a busca de um bem sensível e a de um bem racional: o primeiro proporciona prazer corporal, enquanto o segundo uma satisfação do espírito. Aristóteles prefere lembrar que o bem almejado pode ser real ou ilusório: "É sempre o objeto do apetite que imprime o movimento, mas esse objeto tanto pode ser o bem quanto a aparência do bem".[3] Espinosa sublinha o caráter do desejo, que ele define como "apetite com consciência de si mesmo".[4] A partir dessa longa tradição filosófica, já poderíamos definir o desejo como *a consciência de um apetite que nos move em direção a um bem real ou aparente, seja ele de natureza sensitiva ou intelectual.* A grande questão que surge, em consequência, é saber o que desperta o desejo. Qual é a natureza profunda do desejo humano?

A palavra "desejo" vem do verbo latino *desiderare*, formado a partir de *sidus*, *sideris*, que designa um astro ou constelação de estrelas. Existem duas interpretações radicalmente opostas dessa etimologia. Pode-se interpretar *desiderare* como "parar de contemplar a estrela", o que remete à ideia de uma perda, de uma falta, uma "desorientação". O marinheiro que deixa de olhar para as estrelas pode se perder no mar. O ser humano que não contempla mais as coisas celestiais pode se perder na atração das coisas terrenas. Mas também podemos entender *desiderare* como aquilo que nos livra de ficarmos siderados (do verbo *siderare*), porque tradicionalmente a *sideratio* (sideração) é entendida pelos romanos como o efeito de sofrer uma ação funesta dos astros. Esse sentido longínquo é conservado quando dizemos que ficamos "siderados" após sofrer um choque ou enfrentar uma situação difícil: ficamos imóveis, sem reação, privados da liberdade de agir. Ora, o que vai nos recolocar em movimento é o *de-sidere*, o desejo. O desejo, assim, é entendido como motor da ação, como força vital que nos liberta da sideração, seja qual for a causa.

O mais fascinante é que deparamos com essa dupla significação em toda a tradição filosófica ocidental. Por um lado, o desejo realmente é percebido como falta, destacando-se essencialmente o seu caráter negativo. Por outro lado, também é visto como potência e a principal força motriz da existência. A maioria dos filósofos da Antiguidade encarava o desejo pelo ângulo da falta e o considerava mais um problema do que uma matéria: a busca da satisfação que, uma vez alcançada, renasce imediatamente da mesma forma ou com a busca de outro objeto, condenando-nos assim a ficar para sempre insatisfeitos. Foi Platão, o discípulo mais famoso de Sócrates, quem melhor teorizou essa dimensão insaciável do desejo humano como falta: "O que não temos, o que não somos, o que nos falta: são esses os objetos do desejo e do amor."[5] Aristóteles relativiza essa equiparação do desejo à falta e o define, acima de tudo, como nossa singular força motriz: "Há apenas um princípio motriz: a faculdade desejante".[6] No século XVII, Espinosa retomou essa ideia instalando-a no centro de toda a sua filosofia ética: o desejo é a força vital que mobiliza todas as nossas energias; bem orientado pela razão, só ele pode nos conduzir à alegria e à felicidade supremas (bem-aventurança).

Desejo-falta que leva à insatisfação e à infelicidade e deve ser cerceado ou erradicado... ou desejo-poder que leva à plenitude e à felicidade e deve ser cultivado. Quem está com a razão? De fato, se nos observarmos com atenção e observarmos também a natureza humana, ambas as teorias parecem relevantes, e não excludentes. Na vida, podemos experimentar tanto o desejo-falta como o desejo-poder. Quando estamos presos na armadilha da insatisfação permanente, da comparação social, da inveja, da luxúria, da paixão amorosa, concordamos com Platão. Mas quando somos tomados pela alegria de criar, de crescer, de progredir, de amar, de desenvolver nossos talentos, de nos realizar em nossa atividade, de conhecer, concordamos com Espinosa. E as coisas ainda são um pouco mais complexas, pois o desejo-falta também pode ser, como veremos com Platão, o motor de uma busca espiritual capaz de nos levar à contemplação da beleza divina, e o desejo-potência pode nos levar ao excesso e a uma forma da *hubris* denunciada pelos gregos.

Na primeira parte deste livro, examinaremos a posição platônica do desejo-falta em suas dimensões variadas: filosófica, biológica, antropológica e sociológica. Veremos particularmente como o nosso cérebro primário, o corpo estriado, nos impulsiona a desejar sem limites, e como a publicidade e as redes sociais se apoderam dessa pulsão para nos fazer desejar e consumir cada vez mais. Com René Girard, atentaremos para a força do desejo mimético, que nos leva a desejar o que os outros desejam, e analisaremos os mecanismos da cobiça e da inveja, que nos levam à infelicidade e à violência. Vamos igualmente reexaminar, com a ajuda de Sigmund Freud e das ciências biológicas, a complexidade do desejo sexual.

Na segunda parte abordaremos como as diversas correntes filosóficas e religiosas da humanidade têm procurado regular o desejo para não cair em suas armadilhas e ilusões: por meio de uma norma externa (lei religiosa), com a razão e a moderação (Aristóteles e Epicuro), com a vontade ou o desapego (estoicismo e budismo). Também comentaremos as formas contemporâneas de regulação do desejo, inspiradas nessas vias antigas: abstinência sexual, jejum, compartilhamento, busca de um estilo de vida mais sóbrio etc.

Na última parte vamos estudar a concepção espinosana do desejo como potência e a maneira como podemos redirecionar os desejos a partir de afetos positivos, o que mobilizará nosso ser a alcançar alegrias profundas e duradouras. Em companhia de Friedrich Nietzsche, Carl Gustav Jung e Henri Bergson, veremos como aumentar a potência desejante e alimentar o impulso vital, sobretudo com a criatividade. Ao considerar as três dimensões do amor-desejo — *eros, philia, agape* —, veremos como superar o amor-falta da paixão amorosa para sermos capazes de amar plenamente, de forma verdadeira e alegre. Também evocaremos grandes figuras espirituais que, como Jesus, situaram o desejo e o amor-doação como ponto central de sua mensagem e, por fim, consideraremos as razões que levam muitos de nossos contemporâneos a reorientarem seus desejos e mudarem de vida para, assim, ficarem mais atentos a si mesmos, aos outros e ao planeta.

Primeira Parte

Uma sede insaciável

1. Platão e o desejo como falta

*Existem duas tragédias na vida. Uma é não conseguir
o que se deseja ardentemente. A outra é conseguir.*
George Bernard Shaw (século XX)

Em *Górgias*, Platão compara o desejo ao tonel furado das Danaides, impossível de encher. Como então alcançar a felicidade, sendo o ser humano um eterno insatisfeito que não para de desejar o que não tem? Em sua obra mais famosa, *O banquete*, Platão discute essa questão com mais profundidade. Como em muitos dos seus textos, ele expressa suas ideias pela boca de Sócrates. Conta que este último é convidado para um banquete com alguns amigos para comemorar o sucesso de um deles num concurso de tragédias. Para combinar o prazer da comida com o da boa conversa, nossos amigos filósofos resolvem discutir a questão do amor. Sucessivamente, cada um dá sua definição e faz um elogio ao amor. Dois discursos despertaram a atenção da tradição filosófica: o de Sócrates e o de Aristófanes. Gostaria de dizer umas palavras sobre este último, embora pareça um pouco menos pertinente ao nosso tema, porque Aristófanes marcou as mentes ocidentais com a criação do mito da "alma gêmea".

O MITO DA ALMA GÊMEA

Para Aristófanes, originalmente todos os seres humanos eram duplos: tinham duas cabeças, quatro pernas e quatro braços. Alguns também tinham dois sexos masculinos, outros dois sexos femininos e outros um sexo feminino e um sexo masculino (os famosos andróginos). Como tentaram subir aos céus e ameaçar os deuses, Zeus decidiu puni-los cortando-os ao meio: assim seriam menos perigosos. Desde então, cada ser busca a sua metade perdida — por isso alguns buscam indivíduos do mesmo sexo, outros do sexo oposto. "É a partir desse momento que se dá o amor inato das pessoas umas pelas outras: o amor recompõe a antiga natureza, procura fundir dois seres num só e curar a natureza humana. Todos buscam a sua metade",[1] conclui Aristófanes. Esse mito atravessou os séculos com facilidade e inspirou diversas correntes culturais de exaltação da paixão amorosa — em especial o romantismo no século XIX e, mais recentemente, a corrente new age e a noção de "chama gêmea", que é seu último avatar. Isso porque evoca a noção de desejo como "falta", pois nos diz que procuramos e, portanto, desejamos, de forma consciente ou inconsciente, a nossa metade perdida. Essa separação original dá origem a uma falta que é o próprio fundamento do desejo amoroso. Mas o mito também diz que essa falta será definitivamente preenchida se esse ser único, que foi cortado ao meio, conseguir recuperar a metade perdida, reconectando assim os dois seres que o compõem: "É um prodígio a carga de ternura, confiança e amor que os domina; os dois não querem mais se separar nem por um instante".[2]

Esse mito alimenta de uma forma impressionante as ilusões da paixão amorosa em seu ponto fundamental: em algum lugar da Terra existe um ser destinado a mim, com o qual posso me fundir em estado de felicidade eterna! Desse modo, meu sentimento de solidão existencial vai desaparecer para sempre e, junto com ele, a carência afetiva que até então me habitava e me entristecia. Não acredito nem por um instante nesse mito da fusão amorosa — que muito provavelmente se refere a uma nostalgia da vida embrionária, quando o feto se funde na mãe —, mas é preciso admitir que ele inspirou inúmeros artistas e continua vivo, de modo mais ou menos consciente, no coração de muitos seres humanos.

O EROS SOCRÁTICO

O discurso de Sócrates também vincula o desejo à falta, mas de forma completamente diferente. Num gesto raríssimo entre os filósofos gregos, muito inclinados à misoginia, Sócrates confessa que foi uma mulher que o instruiu sobre o amor: Diotima. Antes de enunciar a revelação que essa mulher lhe fez, Sócrates equipara o amor (eros) ao desejo, e ambos à falta: "O que não temos, o que não somos, o que nos falta: são esses os objetos do desejo e do amor".[3] Segundo tal concepção, nunca deixamos de amar e desejar o que nos falta. Porém, a partir do momento em que possuímos o ser ou a coisa desejada, nosso desejo e amor perdem força. Do ponto de vista da vida amorosa, eis a descrição típica da paixão: ela é ardente, obsessiva e passional enquanto estamos ansiando e, depois, descobrindo o outro... mas vai se extinguindo progressivamente quando a relação entra em seu ritmo natural. No entanto, o amor renasce quando nosso desejo recai sobre outra pessoa. E isso vale para tudo! Eu desejo um objeto, mas uma vez que o tenho em minha posse começo logo a me cansar, e meu desejo acaba me levando a um novo objeto. Observamos isso nas crianças desde a mais tenra idade: elas desejam intensamente um brinquedo, mas muitas vezes se cansam logo dele e passam a dirigir seu amor-desejo a outro brinquedo que ainda não possuem.

A FELICIDADE IMPOSSÍVEL

"Se o desejo é falta, a felicidade é falha",[4] diz a bela expressão de meu amigo André Comte-Sponville, que evoca a terrível frase do filósofo Arthur Schopenhauer, um discípulo longínquo de Platão: "A vida oscila, como um pêndulo, do sofrimento ao tédio".[5] Eu sofro quando desejo o que não tenho e fico entediado quando consigo o que desejei! Sofro por estar desempregado, mas fico entediado no trabalho. Sofro por estar solteiro, mas fico entediado num relacionamento etc. É o que o escritor irlandês George Bernard Shaw expressa com humor: "Existem duas tragédias na vida. Uma é não conseguir o que você deseja. A outra é conseguir!".[6]

Immanuel Kant, o grande filósofo do Iluminismo, também equipara a felicidade à satisfação de todos os nossos desejos: "Felicidade é a condição do ser racional no mundo, para quem, ao longo da vida, tudo acontece de acordo com o seu desejo e vontade".[7] É essa a razão pela qual Kant nos diz que "a felicidade é um ideal da imaginação, e não da razão".[8] Evidentemente, nenhum ser humano pode realizar todos os desejos, seja por sua multiplicidade, sua intensidade ou sua infinita duração. É por isso que Kant fala de um ideal imaginário. Eu concordo, naturalmente, com esse ponto de vista em que a felicidade corresponde ao desejo-falta. Mas, como veremos adiante, com Aristóteles e

Espinosa, o desejo e a felicidade podem ser considerados de forma completamente diferente, o que derruba a objeção kantiana.

A ESCALADA ASCENDENTE DO DESEJO E DO AMOR

Platão é menos pessimista que Schopenhauer e oferece duas saídas possíveis para essa dialética infernal do desejo-falta que mantém o ser humano o tempo todo insatisfeito. Em primeiro lugar, ele explica que o *eros* nos incita a querer possuir por toda a eternidade. Nós não queremos desfrutar provisoriamente de uma coisa ou de um ser, queremos desfrutar de algo ou alguém para sempre. Ora, como não somos imortais neste corpo, existem duas maneiras de obter a imortalidade: pela procriação ou pela criação artística. Assim, os pais se imortalizam por meio dos filhos e os artistas, por meio de suas obras. A segunda opção é o cerne da teoria platônica das "Ideias". Sócrates nos explica que Diotima lhe revelou que Eros, o amor-desejo, era uma espécie de *daimon*, um mensageiro entre os deuses e os homens. Um mensageiro que nos conduz, como numa escalada ascendente, da beleza das coisas materiais à beleza das coisas mais elevadas e jubilosas, para chegar à contemplação do Belo em si mesmo:

> O verdadeiro caminho do amor, tanto se o trilhamos por iniciativa própria quanto se nos deixamos conduzir, é partir das belezas sensíveis e de alçar-nos sem cessar até a beleza sobrenatural, passando, como que em patamares sucessivos, de um belo corpo a dois corpos, de dois a todos, depois de belos corpos a belas ações, depois de belas ações a belas ciências, para chegar das ciências àquela ciência que não é outra senão a ciência da beleza absoluta e do conhecimento da Beleza tal como ela é em si mesma.[9]

Assim, o ser humano pode aprender a orientar seu amor-desejo em direção a coisas cada vez mais nobres e imateriais, que vão satisfazê-lo cada vez mais. Ao final dessa ascensão, ele atinge um estado de suprema plenitude e bem-aventurança, como também explica Diotima:

> Se há um momento em que a vida vale a pena, caro Sócrates, é quando o homem contempla a beleza em si mesma [...]. Pensa, então, que felicidade seria para um homem se ele pudesse ver o Belo em si mesmo, simples, puro, sem misturas, e contemplar, em vez de uma beleza carregada de carne, cores e centenas de outras superfluidades perecíveis, a própria beleza divina em sua forma única.[10]

A felicidade ainda é possível, mas seu preço é uma elevação espiritual ininterrupta que leva o ser humano à contemplação da beleza divina. Para Platão, o desejo provém de uma falta radical: ele exprime a nostalgia de um mundo divino e pleno. Aqui encontramos a ideia central do pensamento platônico: no momento em que encarnamos, nos separamos da fonte divina, e nossa alma nostálgica busca permanentemente restabelecer essa união com o divino. A ideia, presente em Aristófanes, do desejo como essa busca para recuperarmos a unidade com o nosso ser original que foi partido em dois aparece em Platão de outro jeito: a do desejo como busca do divino do qual nos separamos no mundo terreno. Enquanto em Aristófanes o amor-desejo nos leva a redescobrir nossa metade perdida e nos fundir nela, o amor-desejo em Platão nos impele a redescobrir o divino (o Belo, o Verdadeiro e o Bom em si) e a nos fundir nele. Foi essa teoria que inspirou o "amor platônico", conceito que costuma provocar mal-entendidos: ele evoca para muitos a ideia subjacente de um amor sem relação carnal. Não é isso que Platão quer dizer: ele sustenta a ideia de uma escalada ascendente do amor-desejo, que parte do corpo para se elevar até o divino. Em outras palavras, o desejo sexual não é negado nem evitado: ele está presente desde o início, mas pede para ser superado e deve conduzir os dois amantes a um amor-desejo por coisas mais nobres, até chegar à contemplação da Beleza em si. Isso, obviamente, é um projeto muito exigente, que poucos seres humanos realizam, mas não deixa de ser um ideal que pode ser alcançado e uma saída para a armadilha infernal do desejo-falta, que torna impossível a felicidade.

A experiência cotidiana nos mostra a pertinência da análise platônica do desejo como falta: quem nunca sentiu falta de alguma coisa, depois saciedade, e depois novamente falta? Quem nunca se cansou do que possui e não desejou o que não possui? Quem não experimentou o desejo ardente da paixão amorosa e sua gradual diminuição no cotidiano a dois? Ainda que também possamos, felizmente, continuar amando e desejando o que já possuímos, como veremos na terceira parte deste livro, a análise platônica se baseia numa experiência universal: a do caráter insaciável do desejo humano. Sempre queremos e desejamos outra coisa, e sempre mais, e sempre melhor. As descobertas mais recentes da neurociência confirmam esse fato, além de nos oferecer uma explicação apaixonante.

2. Um cérebro chamado desejo

Nosso cérebro está configurado para pedir sempre mais,
mesmo quando suas necessidades estão satisfeitas.
Sébastien Bohler (século XXI)

Em seu livro *Le Bug humain*, Sébastien Bohler, um neurocientista da Escola Politécnica de Paris, nos dá uma síntese notável das pesquisas científicas sobre o cérebro humano em sua vinculação com o desejo e o prazer. Nas últimas décadas, os avanços nos exames de imagem cerebral permitiram observar o que acontece em nosso cérebro (e no de outros mamíferos, como ratos e grandes símios) quando desejamos algo, quando conseguimos o que desejamos e quando sentimos frustração.

Composto de mais de 100 bilhões de neurônios e aproximadamente 1 milhão de bilhões de conexões (sinapses), o cérebro é incrivelmente complexo. Ele é o resultado de uma longa evolução e não para de crescer e de se aperfeiçoar para nos ajudar a responder aos desafios sempre cambiantes do nosso entorno. A parte do cérebro que mais contribuiu para garantir o domínio do ser humano sobre os outros animais é o córtex, uma área superior totalmente superdimensionada em relação às outras espécies. É graças ao córtex que o ser humano fabricou ferramentas e desenvolveu tecnologias cada vez mais sofisticadas, conseguiu criar organizações sociais complexas, projetar-se no futuro ou mesmo desenvolver uma linguagem aperfeiçoada. O córtex cerebral é a principal arma do ser humano, aquela que fez dele o senhor do nosso planeta, embora seja mais vulnerável que muitas outras espécies. No entanto, por mais importante que seja, o córtex continua subordinado a outra parte do nosso cérebro, bem mais arcaica: o corpo estriado, uma estrutura cerebral profunda composta de três subáreas: o núcleo caudado, o corpo estriado ventral e o putâmen. Presente na maioria dos animais (peixes, répteis, aves, mamíferos), o corpo estriado é programado para perseguir cinco objetivos essenciais para a sobrevivência imediata do indivíduo e da espécie: comer, reproduzir-se, adquirir poder, colher informações sobre o ambiente e fazer tudo isso com o menor esforço possível. Essas cinco motivações fundamentais são chamadas de "reforçadores primários".

O CIRCUITO DA RECOMPENSA

Ao longo do estudo do cérebro de certos peixes, ratos ou grandes primatas, foi observado um fenômeno fundamental: o circuito da recompensa. Sempre que a nossa busca por comida, sexo, poder ou informação é bem-sucedida, o corpo estriado libera uma molécula que causa prazer: a dopamina. E a dopamina, além disso, tem o efeito de fortalecer os circuitos de controle neuronal que garantiram o sucesso da operação, favorecendo assim o aprendizado e melhorando o desempenho de maneira geral. O filósofo francês Henri Bergson já pressentia esse papel fundamental do prazer no processo de evolução quando afirmou, há mais de cem anos: "O prazer é apenas um artifício imaginado pela natureza para obter do ser vivo a conservação da vida".[1] Hoje sabemos que a dopamina, fonte principal de prazer, é um neurotransmissor que recompensa qualquer ação positiva dos reforçadores primários. Para o ser humano, nada mudou em milhões de anos: continuamos sendo impelidos pelo corpo estriado a buscar essas experiências fundamentais, mesmo que elas já não estejam necessariamente ligadas à sobrevivência. Assim, a busca pelo prazer gustativo não parou de se refinar, e um grande número de seres humanos, hoje em dia, come tanto para sobreviver como para aumentar a satisfação com a vida mediante o prazer que a comida lhe dá. O mesmo vale para a sexualidade, que pode ser praticada tanto visando à reprodução quanto ao prazer único que essa experiência proporciona; ou para a busca de poder e status social, que de fato ainda facilita a sobrevivência em muitos casos, mas acima de tudo proporciona aos indivíduos uma satisfação pessoal. Impulsionados pelo corpo estriado, vivemos naturalmente numa busca constante pelo prazer que a comida, o sexo, o status social e a informação-entretenimento nos proporcionam. Os cientistas qualificam como "incitações" as ordens do corpo estriado que nos impelem a essa busca permanente dos reforçadores primários e da recompensa que acompanha sua satisfação. Experiências com ratos mostraram que sem os neurônios dopaminérgicos do corpo estriado esses animais morriam em poucas semanas, porque paravam de procurar comida. A fome podia apertar, mas lhes faltava o desejo de se alimentar, o desejo de viver. O mesmo fenômeno foi observado em seres humanos cujo corpo estriado foi lesionado em algum acidente: eles perdiam a capacidade de desejar. Tudo dá no mesmo. Esse sintoma aparece em formas graves de depressão, juntamente com deficiências de dopamina e de serotonina, as duas principais substâncias químicas que despertam o desejo, o prazer, o impulso vital.

SEMPRE MAIS... E MAIS QUE OS OUTROS

Os neurocientistas também observaram que o corpo estriado não tem limites: ele nos incita a buscar cada vez mais prazer com os reforçadores primários. Nunca diz: pare! "O nosso cérebro está configurado para pedir sempre mais, mesmo quando suas necessidades já estão satisfeitas",[2] escreve Sébastien Bohler. Várias experiências científicas mostraram que, de fato, o sistema de recompensas promove o aprendizado e o autoaperfeiçoamento, e que o cérebro nos proporciona prazer porque conseguimos mais que da vez anterior. O corpo estriado nos obriga, assim, a desejar compulsivamente mais e mais: "Esse esquema de programação tem uma consequência dramática: só conseguimos estimular nossos circuitos de prazer aumentando as doses".[3]

Colocamos o poder do córtex a serviço de motivações primárias insaciáveis: a inteligência humana se desenvolveu ao longo de milênios para nos proporcionar cada vez mais prazer por meio da comida, do sexo, do prestígio social e de informação-entretenimento, e isso cada vez com menos esforço. O que o escritor François de Closets chamava, na década de 1980, de "civilização do sempre mais" na verdade é simplesmente uma tendência inerente ao cérebro humano. A aliança contemporânea entre tecnologia e liberalismo econômico (frutos do nosso córtex) permite que a maioria das pessoas responda aos estímulos da parte mais primitiva do cérebro. Essa fuga para a frente, catastrófica do ponto de vista ecológico — porque é impossível haver crescimento infinito num mundo finito e com recursos limitados —, também é uma fonte permanente de insatisfação para os indivíduos, que nunca estão satisfeitos com o que têm.

Essa tendência ao "sempre mais" é reforçada por outro fator: a comparação social, inscrita em nossos genes, que nos incita a ter mais que os nossos semelhantes. Vimos que a busca por poder e status social é um dos reforçadores primários. Mas a neurociência e a psicologia social também demonstraram que nossa satisfação é tanto maior quanto mais nos elevamos acima dos outros. A competição e a dominação estão inscritas em nossos genes para nos permitir obter mais comida, mais parceiros sexuais, mais bens materiais e mais reconhecimento social. Em outras palavras, estamos constantemente nos comparando com os outros. Diversos estudos já mostraram que o importante não é tanto o salário absoluto, mas o salário relativo: ficamos especialmente felizes quando ganhamos mais que os outros.[4] Isso já havia sido observado em ratos e macacos, que apresentam mais dopamina no corpo estriado quando recebem mais comida que outros, mesmo que a quantidade seja menor do que a que costumam receber. Em suma, como dizia Júlio César: "Prefiro ser o primeiro nesta aldeia a ser o segundo em Roma!".

PRAZER IMEDIATO E PRAZER ADIADO

A essa busca biológica de sempre mais e de comparação social, é preciso acrescentar outro fenômeno que a psicologia experimental detectou há mais de cinquenta anos: uma vantagem tem menos valor para o nosso cérebro quanto mais distante estiver no tempo. Em outras palavras, quase sempre preferimos o prazer/benefício imediato a um prazer/benefício posterior, mesmo que seja muito maior. Foi o psicólogo americano Walter Mischel quem observou esse fato pela primeira vez, no final dos anos 1950, com seu famoso experimento do marshmallow. Um dia ele teve a ideia de fazer uma experiência muito simples com suas duas filhas pequenas: propôs que comessem seu doce preferido (um marshmallow) imediatamente, ou então que esperassem três minutos e comessem dois. Depois desse primeiro teste seguiram-se milhares de outros, com protocolos experimentais muito mais elaborados: a entrega imediata de uma quantia em dinheiro a centenas de indivíduos ou o dobro um ano depois etc. Os resultados convergem para a seguinte conclusão: a maioria dos seres humanos prefere um pequeno prazer/benefício imediato a um maior, só que entregue mais tarde. De certa maneira, é também o que quase todos nós fazemos diante da crise ecológica: temos uma dificuldade enorme de sacrificar o conforto do nosso estilo de vida atual em benefício das gerações futuras. O aumento imediato do próprio poder de compra preocupa mais os humanos do que o aumento da temperatura do planeta, que a médio prazo pode inviabilizar a vida humana na Terra. Uma explicação para essa atitude universal está no funcionamento do nosso cérebro, que privilegia o presente em detrimento do futuro. Durante centenas de milhares de anos, nossos cérebros registraram que o melhor para a sobrevivência é aproveitar de imediato toda e qualquer boa oportunidade que apareça para satisfazer os reforçadores primários. Num mundo hostil ou de escassez, sempre vale a pena agarrar sem demora a comida ou a oportunidade sexual que se apresenta, ou exercer logo sua dominação. Só quando vivemos num ambiente mais favorável é que podemos, graças à reflexão do nosso córtex, rejeitar oportunidades de satisfazer os nossos reforçadores primários para obter maior satisfação posterior ou um benefício mais duradouro. Para isso, é preciso ter confiança no futuro, o que implica certa estabilidade e alguma previsibilidade — ou então uma fé profunda na vida.

SATISFAÇÃO E INSATISFAÇÃO

A neurociência fornece, assim, uma explicação para o mecanismo do desejo que coincide perfeitamente com aquela formulada pelos filósofos da Antiguidade. No entanto, como já dissemos, esse desejo insaciável é uma fonte tanto de satisfação quanto de frustração. Satisfação de comer não apenas com fome, mas com apetite; satisfação de ter uma vida sexual gratificante; satisfação de progredir no status social; satisfação de ter acesso fácil ao maior número possível de informações e a muitas distrações. Como reclamar disso, quando sabemos que nossos ancestrais tiveram que empreender esforços infinitamente maiores que os nossos para obter tais satisfações, que aliás eram muito precárias? Graças ao córtex, o ser humano pôde obter com mais facilidade e sustentabilidade o que o corpo estriado o faz desejar. O outro lado da moeda é que descobrimos que essa fartura e essa facilidade não necessariamente nos fazem felizes, pois nosso cérebro primário nos incita a desejar constantemente outras coisas, e o sistema econômico e a publicidade não fazem outra coisa senão reforçar essa frustração com o intuito de nos levar a consumir cada vez mais.

3. O desejo mimético

Como regra geral, desejamos o que as
pessoas à nossa volta desejam.
René Girard (século XX)

Tendo em vista as motivações impulsionadas por nosso cérebro primário que condicionam fortemente nossos desejos, é bom mencionar três dimensões exclusivamente sociais do desejo, evidenciadas pelas ciências humanas: desejamos o que os outros desejam (desejo mimético), o que os outros têm (cobiça) e comparamos a nossa felicidade com a deles (inveja).

RENÉ GIRARD E O DESEJO MIMÉTICO

O filósofo e antropólogo francês René Girard, que lecionou toda a vida nos Estados Unidos, é o pai da teoria mimética. Eis como ele define o desejo mimético:

Ao contrário das nossas necessidades, que dispensam perfeitamente os outros ao se manifestarem só para nós, porque o nosso corpo lhes basta, nossos desejos têm uma dimensão social irredutível. Por trás dos desejos há sempre um modelo ou mediador, geralmente não reconhecido pelo terceiro e nem mesmo por aquele que o imita. Como regra geral, desejamos o que as pessoas ao redor desejam. Nossos modelos podem ser reais ou imaginários, coletivos ou individuais. Imitamos os desejos de quem admiramos. Queremos "nos tornar como eles", roubar-lhes o ser. O desejo não é mimético somente nos medíocres, aqueles que os existencialistas, a partir de Heidegger, qualificaram de inautênticos, mas em todos os homens, sem exceção, incluindo os mais autênticos segundo nossos próprios olhos: nós mesmos.[1]

René Girard expôs sua teoria do desejo mimético num livro fascinante, publicado em 1961. *Mentira romântica e verdade romanesca* se contrapõe à tese romântica que valoriza o caráter espontâneo e autêntico do desejo no indivíduo, o que cinco grandes romancistas — Miguel de Cervantes, Stendhal, Gustave Flaubert, Fiódor Dostoiévski e Marcel Proust — demonstram em suas obras. Os heróis desses romances mimetizam os desejos dos personagens que tomam como modelo. Seus desejos imitam os de algum outro. Dom Quixote se atira contra moinhos de vento porque está convencido de que o modelo dos cavaleiros andantes — Amadis de Gaula — faria o mesmo. Emma Bovary "programa" o seu desejo segundo os romances sentimentais que leu na juventude. Em *O vermelho e o negro*, Stendhal faz de Julien Sorel o protótipo do "vaidoso", que só é capaz de tomar seus desejos emprestados dos outros. O mesmo vale para o sr. de Rênal, que está disposto a contratar Julien a qualquer preço como tutor de seus filhos porque está convencido de que seu rival, Valenod, tem o mesmo desejo. Igualmente, no final do romance, Julien consegue reconquistar Mathilde de La Mole recorrendo a um truque: despertar o desejo da marechala de Fervaques e oferecê-la como espetáculo a Mathilde, para que esta volte a desejá-lo... por mimetismo. A figura do "vaidoso" nos romances de Stendhal replica a do "esnobe" nos romances de Proust, que copia servilmente a quem inveja por nascimento, fortuna ou por "ser chique". "O mimetismo do desejo é tamanho em *Em busca do tempo perdido*", escreve René Girard,

> que os personagens são considerados ciumentos ou esnobes conforme seu mediador esteja apaixonado ou seja frívolo. A concepção triangular do desejo nos dá acesso ao lugar proustiano por excelência, ou seja, o ponto de interseção entre o amor-ciúme e o esnobismo.[2]

Proust também mostra, ao evocar as próprias lembranças, que os desejos da criança são essencialmente miméticos. O pequeno Marcel desejava o mesmo que os adultos que admirava. Assim, tem um desejo intenso de ver Berma atuar, simplesmente porque um adulto que ele admira (Bergotte) adora a grande atriz. E por mais que se decepcione com o espetáculo, o garoto fica maravilhado com a atuação de Berma contada por seu modelo (Bergotte). O desejo proustiano é o triunfo da sugestão sobre a impressão. O que desencadeia o trabalho da imaginação e desperta desejo no narrador é sempre uma conversa, o prazer que ele lê num rosto, numa opinião expressa por alguma pessoa que admira. Escreve Proust:

> O que havia de mais íntimo em mim, a princípio, a manivela sempre em movimento que governava todo o resto, era a crença na riqueza filosófica, na beleza do livro que eu estava lendo, e o meu desejo de apropriar-me daquilo, qualquer que fosse o livro. Porque, ainda

que o tivesse comprado em Combray... só o reconheci por ter sido citado como uma obra notável pelo professor ou pelo colega que naquele momento me parecia deter o segredo da verdade e da beleza.[3]

Diante do pensamento romântico, que valoriza a singularidade e a espontaneidade do desejo, os romancistas mostram, assim, o caráter universal do desejo mimético e sua mecânica triangular. O mediador do desejo na maioria das vezes é um modelo que se quer imitar, mas também pode ser um rival. René Girard iluminou a questão ao destacar a potência do desejo mimético. Devemos segui-lo, então, quando ele afirma que todo desejo é mimético e se inscreve exclusivamente no interior de uma estrutura social? Um simples trabalho de introspecção me leva a relativizar o caráter excessivamente abrupto dessa afirmação. Se considero os meus desejos de criança, posso, sim, apontar uma série deles, conscientes ou inconscientes, que foram inspirados pelos adultos ou pelos modelos que me rodeavam: esquiar ou fazer caminhadas, cursar estudos intelectuais, ouvir música clássica... Mas também constato o surgimento de desejos e gostos mais pessoais, que meus pais e meus irmãos não tinham, tampouco outros adultos que eu possa ter admirado: escrever romances (escrevi meu primeiro conto aos doze anos), tocar bateria e montar uma banda de rock aos quinze anos, algum dia dirigir filmes para o cinema (desejo não satisfeito!) etc. Estou convencido de que a realidade é mais matizada do que nos afirma René Girard: há desejos espontâneos, ligados à natureza singular de cada indivíduo, e desejos miméticos, inspirados em modelos ou rivais. A principal contribuição de Girard foi revelar o poder do desejo mimético em nossa vida (particularmente na adolescência) mesmo quando estamos convencidos da espontaneidade de todos os nossos desejos. Com isso ele nos estimula a fazer um esforço de lucidez e discernimento à maneira de Espinosa e de Freud, que desmistificaram a crença na onipotência do nosso livre-arbítrio ao mostrar que a maioria de nossas ações é determinada por afetos inconscientes.

BODE EXPIATÓRIO E MIMETISMO

A partir dessa primeira grande obra, René Girard prossegue sua pesquisa sobre o desejo mimético ao longo de toda a vida, agora em dimensão coletiva. Nas obras posteriores, o autor se concentra no fenômeno do "bode expiatório" e da dimensão mimética que lhe é subjacente. Essa expressão é extraída da Bíblia: por ocasião da festa de Yom Kippur, o sumo sacerdote enxota para o deserto um bode que ele carregara com todos os pecados de Israel. A expressão se generalizou a partir do século XVIII, para designar qualquer pessoa ou grupo minoritário perseguido injustamente por um grupo majoritário. Em *A violência e o sagrado*, René Girard mostra que se trata de um mecanismo de catarse comunitária destinado a subjugar um indivíduo cuja inocência é ignorada pelo grupo, que unanimemente acusa a vítima de ser responsável por todos os seus males. Ele mostra, assim, o caráter mimético que atua em todos os fenômenos de violência coletiva:

> Como explicar a tendência das multidões a se unirem unanimemente contra tantas vítimas falsamente consideradas culpadas? O que possibilita essa façanha não é um conjunto de observações independentes umas das outras, todas concordantes e precisas... é, evidentemente, o contágio mimético. O ódio ao bode expiatório se espalha como uma doença contagiosa em contato com uma multidão já contaminada por esse ódio.[4]

Em sua obra mais famosa, *Coisas ocultas desde a fundação do mundo*, Girard tenta mostrar a natureza infundada e destrutiva do mecanismo de vitimização: ao contrário do que nos dizem os mitos e as religiões arcaicas, a vítima é inocente e essa inocência é demonstrada de maneira admirável nos Evangelhos, em que Jesus aparece como vítima expiatória de uma violência coletiva: "É melhor que um homem morra e que não pereça todo o povo", foram as palavras do sumo sacerdote Caifás, que mandou entregar Jesus a Pilatos para ser condenado à morte. "A reabilitação dos bodes expiatórios na Bíblia e nos Evangelhos é a aventura mais extraordinária e fecunda de toda a humanidade, a mais essencial para a criação de uma sociedade verdadeiramente humana", diz Girard. "Isso é o que eu chamo de revelação destrutiva do mecanismo do bode expiatório, e ela não completou seu percurso; ainda está vindo em nossa direção."[5] Enquanto não estivermos plenamente conscientes do fenômeno do mecanismo mimético que opera em nossas sociedades, continuaremos a ter bodes expiatórios, responsabilizando um indivíduo ou um grupo minoritário por todos os nossos males. Tanto no nível do desejo individual como no dos comportamentos coletivos, René Girard nos faz um convite salutar para tomarmos consciência do poder do mimetismo.

4. A inveja

O que é esse carrasco da mente? É a inveja.
Voltaire (século XVIII)

Se o desejo mimético nos incita a desejar o que os outros desejam, também existe uma tendência universal a desejar o que os outros possuem e, do mesmo modo, a nos entristecer com a felicidade dos outros e querer sua desgraça. Esses dois sentimentos têm o mesmo nome — inveja —, embora não correspondam à mesma realidade. No primeiro caso, queremos algo que o outro tem. Podemos, então, falar de cobiça: eu cobiço a mulher do meu vizinho ou o carro de um colega. No segundo caso, invejamos alguém que está feliz e ficamos ressentidos com essa pessoa. Nosso ressentimento pode se transformar em ódio, e podemos chegar até a desejar, ou mesmo provocar, sua infelicidade.

DA INVEJA AO ÓDIO

O sentimento de inveja sempre interessou particularmente os

filósofos, porque é uma característica bastante surpreendente da alma humana: a infelicidade pelo sucesso ou pela felicidade do outro, embora não necessariamente se deseje possuir o que ele possui. Aristóteles define a inveja como "uma mágoa sentida em relação aos nossos semelhantes após seu sucesso manifesto na obtenção de certos bens, mágoa sentida não em vista do interesse pessoal, mas só em função desses semelhantes".[1] Em outras palavras, o que invejamos não é tanto os bens alheios, mas a felicidade de quem os possui, por um efeito de comparação. Aristóteles contrapõe, assim, inveja e piedade: esta é uma mágoa diante da infelicidade alheia, enquanto a inveja é uma "mágoa perturbadora" diante da felicidade dos outros. Aristóteles também faz questão de distinguir a inveja da indignação — mágoa sentida diante da felicidade ou do sucesso de quem não os merece — ou da competição, que nos impele a obter bens que outros possuem e que também queremos ter: "A competição é uma paixão honesta de pessoas honestas, e a inveja, uma paixão vil de pessoas vis; pois enquanto um se prepara, por competição, para obter esses bens, o outro, por inveja, impede que o próximo os obtenha".[2] O filósofo lembra ainda que só invejamos as pessoas que consideramos nossos pares, aquelas com quem nos comparamos, mas nunca pessoas muito afastadas de nós, tanto pela distância quanto pela fortuna. Espinosa concorda com esse ponto de vista e, na *Ética*, afirma que só invejamos aqueles que supomos serem da mesma natureza que nós.[3] A etimologia grega da palavra "inveja" (*phthonos*) remete à ideia de animosidade: desejar ou alegrar-se com o infortúnio alheio. O invejoso só deseja destruir ou ver a queda daquele ou daquela que inveja.

A ALEGRIA DO OUTRO DIMINUI A MINHA ALEGRIA

Como explicar a origem de tal sentimento? Inspirado nas análises de Aristóteles, o grande teólogo medieval Tomás de Aquino escreveu em sua *Suma teológica*: "A inveja consiste em se entristecer com o bem do próximo como se diminuísse o nosso bem e nos fizesse mal".[4] Essa ideia é retomada alguns séculos depois pelo filósofo inglês David Hume: julgamos nossa felicidade ou nossa infelicidade por comparação com o que observamos nos outros. Assim, o espetáculo do infortúnio alheio nos dá uma ideia mais vívida de nossa própria felicidade e, inversamente, a felicidade alheia nos dá uma ideia mais vívida de nosso infortúnio. A inveja é então "despertada pela alegria atual dos outros que, por comparação, diminui nossa ideia da nossa própria alegria".[5] Ela resulta do ressentimento ou do ódio, que nos levam a desejar o infortúnio dos outros.

A maioria dos pensadores gregos, e depois deles muitos teólogos cristãos, consideram a inveja o pior de todos os vícios, aquele que mais corrompe a alma humana. É por isso que a iconografia da Idade Média e do Renascimento a representa muitas vezes em forma de uma velha ou de um velho decrépito, com os olhos vidrados de ódio, acariciando uma cobra, que simboliza o veneno destilado pelos invejosos com suas difamações. Os filósofos do Iluminismo não eram menos meigos com esse "vício hediondo, essa paixão taciturna que se volta contra si mesma e procura, mesmo que só em pensamento, destruir a felicidade alheia",[6] segundo as palavras de Kant, que ecoam as de Voltaire:

> Se o homem é criado livre, ele deve se governar,
> Se o homem tem tiranos, deve destroná-los.
> E sabemos muito bem, esses tiranos são os vícios.

O mais cruel de todos, com seus caprichos sombrios,
Ao mesmo tempo o mais covarde, e o mais implacável,
Que enterra um dardo venenoso no fundo do coração,
Esse carrasco da mente, quem é? É a inveja.[7]

DO DESEJO ÀS INVEJAS

É importante, então, distinguir claramente várias noções seme-lhantes que muitas vezes são enunciadas com as mesmas palavras: a inveja pura, como acabei de descrever, que se dirige apenas a pessoas que consideramos iguais e com as quais nos comparamos; a inveja como cobiça, que se dirige a bens e a pessoas; e também o ciúme, que também se dirige a bens e pessoas, mas num trio que incita o ciumento a eliminar um terceiro incômodo.

A inveja, a cobiça e o ciúme são, de alguma forma, derivados ou manifestações do desejo. Na linguagem comum, também usamos a palavra "vontade" como sinônimo de desejo: tenho vontade de tomar um sorvete, tenho vontade de fazer amor com tal pessoa, tenho vontade de passar minhas férias à beira-mar, tenho vontade de tocar piano, tenho vontade de comprar aquele carro... Todos nós temos "vontades", que são manifestações das necessidades ou dos desejos mais diversos. Como essa palavra é usada com mais frequência para aludir às necessidades corporais, ela tende a reduzir nossos desejos a esse tipo de necessidade e de alguma forma diminui a intensidade ou a profundidade do desejo que expressa. Não é a mesma coisa dizer a alguém "Eu te quero" ou "Eu te desejo". A primeira expressão, que evidencia uma vontade, evoca consciente ou inconscientemente a satisfação de uma ne-cessidade fisiológica, como se diria "quero uma boa cerveja bem gelada", enquanto a segunda parece envolver todo o nosso ser:

nossas emoções, nossos afetos, nosso impulso vital. É por isso que, inversamente, é raro expressarmos uma necessidade fisiológica com a palavra desejo: "Desejo ir ao banheiro" ou "Desejo uma coca-cola". Parece forte demais. Isso também se aplica aos bens materiais que desejamos. Na linguagem comum, costumamos chamá-los de "vontades": quero um computador novo, um par de tênis, uma bicicleta elétrica etc. Inversamente, quando evocamos desejos mais profundos, que se referem a algo imaterial ou mais íntimo, falamos espontaneamente de desejos: "Desejo reorientar a minha vida profissional"; "Desejo ir morar no exterior"; "Desejo casar ou ter um filho"; "Desejo me cuidar mais". A escolha, também aqui consciente ou inconsciente, da palavra que usamos para qualificar os nossos desejos não é neutra, e em geral a palavra "vontade" expressa uma necessidade corporal ou um objeto material. É por isso que se pode dizer, como veremos a seguir, que muitas vezes a sociedade de consumo reduz nossos desejos a vontades.

5. Consumismo e manipulação do desejo

Somos infligidos por desejos que nos afligem.
Alain Souchon (século XX)

No livro *O fim dos empregos: O contínuo crescimento do desemprego em todo o mundo*, o economista americano Jeremy Rifkin explica como, a partir da década de 1920, as grandes empresas norte-americanas depararam com a necessidade de produzir mais para manter e aumentar seus lucros e viram que para isso tinham de convencer as famílias a comprar produtos de que não precisavam. A ferramenta adotada pela publicidade para atingir esse objetivo foi a comparação social, que associava uma marca a um sinal de sucesso.

CRIAR "UMA INSATISFAÇÃO ORGANIZADA"

Os publicitários multiplicaram então slogans do tipo: "Você sabia que o seu vizinho já tem o Ford Mustang 6 cilindros?", mesmo que não houvesse necessidade alguma de um carro tão potente. O processo funcionou maravilhosamente bem, porque os publicitários, sem saber, descobriram que nosso cérebro está o tempo todo buscando melhorar nosso status social por meio de sinais externos superficiais: relógios, sapatos, carros, telefones... Os publicitários também descobriram que vivemos perpetuamente insatisfeitos e que a única forma de nos saciar era criando um produto ainda mais eficiente, sofisticado ou chamativo. Como declarou na época Charles Kettering, vice-presidente da General Motors: "A chave para a prosperidade econômica é a criação de uma insatisfação organizada". Rifkin também menciona um relatório muito instrutivo sobre o estado da economia encomendado pelo presidente Herbert Hoover em 1929. Aqui está um trecho:

> A pesquisa demonstra com segurança algo que havia muito se considerava verdadeiro na teoria, ou seja, que os desejos são insaciáveis; que um desejo satisfeito abre caminho para outro. Como conclusão, diremos que nos é oferecido um campo ilimitado no plano econômico; novas necessidades sempre abrirão caminho para outras, ainda mais novas, assim que as primeiras forem satisfeitas [...]. A publicidade e outros meios promocionais [...] atrelaram a produção a uma potência motriz quantificável [...]. Parece que podemos continuar a aumentar a atividade [...]. Nossa situação é feliz, nosso elã é extraordinário.[1]

"AS NECESSIDADES SÃO FRUTO DA PRODUÇÃO"

Na década de 1960, outro famoso economista americano, Kenneth Galbraith, professor de Harvard e assessor especial do presidente John F. Kennedy, analisou com perfeição as fontes do consumismo e demonstrou que as nossas escolhas, sob um disfarce de discurso liberal, na verdade nos são ditadas pela persuasão. A liberdade e a soberania do consumidor, elogiadas pelos defensores do neoliberalismo, não passam de mistificação. No fundo, são determinadas pela oferta e pelo discurso publicitário. "As necessidades são, na verdade, fruto da produção", diz Galbraith, o que significa que em última instância a principal missão da economia é criar as necessidades que ela mesma busca satisfazer e, ao mesmo tempo, incitar o consumidor a consumir cada vez mais, usando todos os meios de persuasão, que funcionam principalmente como indutores, às vezes inconscientes, da comparação social e da necessidade de reconhecimento. "O indivíduo não serve ao sistema industrial entregando-lhe suas economias e fornecendo seu capital, mas consumindo seus produtos", escreve Galbraith. "Não há, aliás, nenhuma outra atividade religiosa, política ou moral para a qual o preparem de maneira tão sábia, tão completa e tão custosa."[2] Para Galbraith e muitos outros pesquisadores (Gervasi, Parsons, Riesman), as necessidades sempre estão ligadas a valores — os valores da sociedade a que se pertence —, e sua satisfação tem o sentido, antes de mais nada, de adesão a esses valores. A escolha fundamental do indivíduo é, em última análise, aceitar — ou não — esse modo de vida e se conformar com os valores de determinada sociedade.

O ADESTRAMENTO DOS INDIVÍDUOS

O sociólogo francês Jean Baudrillard escreveu um livro magistral em 1970, *A sociedade de consumo*, que não envelheceu nada até hoje. Nele, Baudrillard completa e refina as teorias dos economistas norte-americanos que mencionei antes, mostrando a dimensão simbólica, mítica e até mágica que opera nas nossas modernas sociedades consumistas. Ele também denuncia o erro dos economistas neoliberais, que pensam que a violência social diminui nas sociedades ocidentais graças à abundância e à livre satisfação das necessidades — pois, para ele, a sociedade de consumo só funciona relativamente bem porque pratica um verdadeiro adestramento dos indivíduos, que internalizam as regras do jogo e os valores que essa sociedade defende.

> Ela não é de forma alguma um setor marginal de indeterminação, no qual o indivíduo, limitado em toda parte pelas regras sociais, finalmente recuperaria uma margem de liberdade e de iniciativa pessoal. Ela é um comportamento ativo e coletivo, é uma coerção, é uma moral, é uma instituição. Trata-se de todo um sistema de valores, com tudo o que esse termo implica como função de integração grupal e de controle social [...]. Assim, o consumo pode substituir por si só todas as ideologias e, a longo prazo, assumir por si só a integração de toda uma sociedade, como faziam os rituais hierárquicos ou religiosos das sociedades primitivas [...]. Pode-se então argumentar que a era do consumo, sendo a culminação histórica de todo o processo de produtividade acelerada sob o signo do capital, é também a era da alienação radical. A lógica da mercadoria se generalizou, e atualmente controla não apenas os processos de trabalho e os bens materiais, mas toda a cultura, a sexualidade, as relações humanas, até mesmo as fantasias e as pulsões individuais. Tudo é tomado por essa lógica, não só no sentido de que todas as funções, todas as necessidades são objetivadas e manipuladas em termos de lucro, mas no sentido mais profundo de que tudo é *espetacularizado*, ou seja, evocado, provocado, orquestrado em imagens, em signos, em modelos consumíveis.[3]

Jean Baudrillard tampouco hesita em comparar a mentalidade consumista com o pensamento mágico das sociedades arcaicas, porque elas também se baseiam numa crença na onipotência dos símbolos: nós *acreditamos* nos símbolos da felicidade e do sucesso que a sociedade de consumo nos oferece — e por isso os desejamos.

CONSUMISMO E CONFORMISMO

Sonhado por alguns, ignorado por outros, o padrão do *american way of life* se impôs no Ocidente durante décadas e está em vias de conquistar o mundo inteiro. O consumidor moderno é extremamente conformista: quer adotar o estilo de vida que lhe é oferecido, junto com os símbolos de reconhecimento social que o acompanham. Seu espírito crítico é muito fraco, seus desejos são miméticos e se transformam em vontades: as vontades sugeridas pela sociedade, pelo matraquear da publicidade e quase sempre também pela mídia (quantas vezes a mídia elogia o progresso tecnológico e as vantagens dos novos produtos?). O adolescente sonha em adquirir um tênis Nike que está na moda, um iPhone ou o último modelo de video game, e o adulto deseja um carro grande, um relógio vistoso ou uma bolsa de luxo. A famosa frase do publicitário Jacques Séguéla — "Se alguém não pode comprar um Rolex aos cinquenta anos, é porque fracassou na vida" — exprime perfeitamente essa exigência de consumir para existir... aos nossos olhos e aos olhos dos outros. O marketing cria desejos e faz parecer indispensáveis objetos dos quais a humanidade pôde prescindir sem problema algum durante milênios. É o que chamamos de "desejabilidade" de um produto. Uma das chaves essenciais para tornar um produto desejável é sua raridade: eis o segredo do sucesso da indústria de luxo. Tal relógio, tal carro ou tal bolsa são ainda mais desejáveis porque são caros, produzidos em pequena escala, e às vezes levam-se meses para conseguir comprá-los.

CONSUMO, LOGO EXISTO

Nas duas últimas décadas, a publicidade atuou um pouco menos abertamente no registro da comparação social (de tanto ser usada, essa técnica está se desgastando) e bem mais na temática da autenticidade e da autorrealização, muito na moda. Para tornar um produto desejável, nada melhor do que afirmar que ele nos permite ser plenamente nós mesmos, ou que corresponde perfeitamente ao que nós somos. Discurso absurdo, já que é dirigido a milhões, às vezes centenas de milhões de indivíduos, que são todos diferentes entre si. Mas pouco importa a mentira publicitária: ela recupera uma aspiração profunda, a de ser o que se é, de manter-se fiel aos desejos mais autênticos. Vende-se aos indivíduos, então, sua personalização, mas ao mesmo tempo não há nada mais impessoal que um produto estandardizado e mercantilizado de uma grande marca que circula pelo mundo inteiro! Nada mais conformista do que comprar um produto alardeado pela publicidade, porém o consumidor tem que estar convencido de que sua decisão de compra é pessoal, de que está comprando um produto condizente com o que ele mesmo é, um produto que corresponde ao seu desejo mais íntimo. Isso só é possível mediante o mecanismo, já mencionado, do desejo mimético. Quando vejo uma pessoa com quem me identifico (na maioria das vezes, uma celebridade) elogiar as qualidades de um produto e afirmar que com aquilo ela se torna plena, passo a acreditar que comigo vai acontecer a mesma coisa. Meu desejo — ou, seria melhor dizer, minha vontade, tão rarefeito é esse desejo — imita um modelo.

PERDA DO PENSAMENTO CRÍTICO
E EMPOBRECIMENTO DO DESEJO

Conformismo, imitação, perda do espírito crítico, empobrecimento do desejo: a sociedade de consumo produz uma despersonalização crescente e muito preocupante. Obviamente, ela procura disfarçar esse fato com um discurso enganador sobre liberdade de escolha e realização pessoal, mas a verdade é que reduz os indivíduos ao estado de consumidores embrutecidos, escravos dos impulsos do seu cérebro primário e de suas vontades miméticas. A ideologia neoliberal, que sustenta o sistema consumista, nos promete liberdade e felicidade, mas esse sistema é ao mesmo tempo fonte de servilismo e de frustração. Somos adestrados, submetidos, manipulados em nossos desejos... e ficamos perpetuamente insatisfeitos.

Para escapar disso, é preciso deixar para trás os imperativos categóricos das nossas sociedades, que associam a felicidade ao êxito social e à fruição exclusiva de bens materiais; fortalecer nosso discernimento e nosso espírito crítico; e, acima de tudo, aprender a nos reconectar com nossos desejos profundos, verdadeiramente pessoais, e com o impulso vital que os anima. É o que veremos na terceira parte. Mas ainda é preciso dirigir a atenção para uma questão preocupante: a forma como é manipulado o desejo de crianças e adolescentes, particularmente por meio das redes sociais.

6. *Polegarzinha* alienada

Só Deus sabe o que estamos fazendo com
o cérebro dos nossos filhos.
Sean Parker, ex-vice-presidente
do Facebook (século XXI)

Quando o saudoso Michel Serres publicou seu belo livro *Polegarzinha*, em 2012, eu tinha minhas dúvidas quanto à sua benevolência em relação às redes sociais. Comecei a ver adolescentes ao meu redor passando várias horas por dia no smartphone, ansiosos por um novo comentário, um *like* etc. Infelizmente, as informações e os estudos que temos hoje, dez anos depois, só confirmam esse temor. Na França, de acordo com um estudo da Médiamétrie publicado em 24 de novembro de 2021, jovens de quinze a 24 anos passam em média 3,41 horas por dia navegando pela internet no celular, enquanto a média para a população em geral é de 1,37 hora. Esse número não parou de aumentar ao longo dos anos, e a maior parte desse tempo é gasto em redes sociais. Existem atualmente 4,2 bilhões de contas ativas no mundo. E a maioria dessas redes (como Facebook, Instagram, Tik-Tok, Snapchat) permitem ao usuário criar um perfil que se torna o seu cartão de visita, a vitrine através da qual os jovens se mostram uns aos outros. E cada postagem ou cada story oferece a cada um deles a possibilidade de atingir sua comunidade e aumentar a própria notoriedade, transmitindo uma boa imagem de si mesmo — na maioria das vezes, idealizada pela encenação das fotos ou vídeos e pelo uso de filtros ou retoques. Inversamente, uma reputação pode ser facilmente destruída por uma informação ou foto postada por alguém mal-intencionado. Os vídeos de sexo, que todo ano levam dezenas de adolescentes ao suicídio, são um dos exemplos mais devastadores.

AS REDES SOCIAIS E A NECESSIDADE DE RECONHECIMENTO SOCIAL

O que está em jogo nesse tipo de rede social é, acima de tudo, a nossa necessidade primária de reconhecimento social — que nosso cérebro primário demanda com muita avidez, como já vimos. O sucesso das redes sociais se deve principalmente ao desejo de sermos admirados, amados, reconhecidos socialmente. E a recompensa é a descarga de dopamina que o cérebro produz a cada nova curtida, a cada novo comentário positivo que recebemos. As redes sociais geram um vício em dopamina, provocado pelo desejo de reconhecimento social. Elas foram criadas exatamente para isso, aliás, e desde então, como reconheceram vários ex-executivos do Facebook, não pararam de se aprimorar para que os adolescentes se tornem cada vez mais dependentes do aplicativo. O sinal de alarme foi acionado em novembro de 2017 pelo pioneiro do Facebook, Sean Parker, que declarou ter se tornado um "objetor de consciência" das mídias sociais e que o Facebook e outras redes tinham se imposto "explorando uma vulnerabilidade psicológica humana". E ainda acrescentou estas palavras que circularam pela web: "Só Deus sabe o que estamos fazendo com o cérebro dos nossos filhos".[1] A seguir, em dezembro de 2017, Chamath Palihapitiya, ex-vice-presidente encarregado de multiplicar o número de usuários da famosa empresa californiana, recomendou que os alunos da Stanford Graduate School of Business fizessem "uma pausa rigorosa" nas redes sociais e confessou que se arrependia de ter projetado um sistema que manipula e destrói o psiquismo dos adolescentes, por criar uma incerteza permanente quanto a seu próprio valor e incitá-los a permanecerem conectados o tempo todo para se sentirem mais seguros, o que produz o efeito oposto.[2]

O pesquisador em neurociência Sébastien Bohler pergunta com muita propriedade: "Por que os adolescentes são particularmente indefesos diante de situações difíceis que envolvem forte participação social?". A resposta é que nessa idade o cérebro é, de certa forma, "puro corpo estriado". Por volta dos quinze anos — nos meninos, e um pouco mais cedo nas meninas —, as partes centrais do cérebro, como a área tegmental ventral, o núcleo accumbens, o pallidum ou o núcleo caudado, cujos neurônios se comunicam transmitindo grandes quantidades de dopamina, estão em pleno desenvolvimento, o que se traduz no despertar do desejo sexual, mas também em forte sensibilidade para as questões de status social.[3]

O BUSINESS DO VÍCIO

São puramente comerciais as razões que levam os gigantes da web a atrair o máximo de atenção possível dos adolescentes nas redes sociais lançando mão dessa necessidade de reconhecimento social. Embora seja gratuito usar essas redes, elas criaram um sistema de algoritmos que permite conhecer os gostos e focos de interesse dos usuários e enviar-lhes notificações e anúncios direcionados. Atualmente, nos Estados Unidos, 44% da receita de publicidade é gerada pelo meio digital; o Google e o Facebook absorvem dois terços de toda essa nova publicidade. Assim, a indústria da web obtém lucros imensos por meio do conhecimento de nossos desejos, repulsas e hábitos — à nossa revelia. E para isso todos os recursos são válidos, mesmo que manipulem e destruam o psiquismo dos adolescentes. No fascinante documentário *O dilema social*, produzido e veiculado em 2020 pela Netflix, Tristan Harris, ex-designer de ética do Google e cofundador do Center for Human Technology, resumiu perfeitamente o problema:

> De maneira geral, nós simplesmente deixamos uma ferramenta num canto, à espera de ser usada. Ela espera pacientemente. No momento em que ela te pede alguma coisa, tenta te seduzir ou manipular para atingir seus objetivos, não é mais uma ferramenta. Saímos de um ambiente em que as invenções eram simples ferramentas para um ambiente em que elas estimulam o vício e a manipulação! Foi isso que mudou. As redes sociais não são ferramentas esperando para serem usadas, elas têm os próprios objetivos. Para atingi-los, utilizam técnicas de psicologia contra nós.

Assim, entendemos melhor por que a maioria dos jovens chefões do vale do Silício matricula os filhos em escolas que proíbem tablets e smartphones, e por que Steve Jobs, o carismático fundador da Apple, confessou ao *The New York Times*, pouco antes de morrer, que não deixava seu filho usar o tablet digital — o iPad — que ele próprio tinha acabado de lançar no mercado. Em

seu edificante livro *A civilização do peixe-vermelho: Como peixes-
-vermelhos presos aos ecrãs dos nossos smartphones*, meu amigo
Bruno Patino, atual CEO da Arte France e um dos pioneiros da
mídia digital na França, confidencia:

> A utopia inicial está em vias de desaparecer, morta pelos monstros
> que ela deu à luz. Duas forças ignoradas pelos libertários se desen-
> volveram sem travas: a raiva coletiva, nascida de paixões individuais,
> e o poder econômico, nascido da acumulação. Os nossos vícios são
> o resultado do vínculo entre um e outro e da superestrutura econô-
> mica que os faz alimentar-se um do outro e reforçar-se mutuamente,
> em detrimento da nossa liberdade.[4]

AS NOVAS DOENÇAS DA WEB

Como sair — e como ajudar nossos adolescentes a saírem — dessa "servidão voluntária", para usar a expressão de La Boétie? Diante
da ausência cruel de uma regulamentação mundial, por ora não há
outra solução além da moderação individual: aprender a nos limitar
entendendo o que está em jogo em relação à nossa liberdade e à
nossa saúde, tanto mental como física, para não ficarmos viciados
em internet. Numerosos estudos psicológicos mostraram os danos
consideráveis causados pelo vício em redes sociais, especialmente
entre os jovens — como distúrbios de atenção e do sono ligados à
hiperatividade do cérebro, ou problemas de autoestima que fazem
os adolescentes ficarem o tempo todo conferindo seu perfil nas
redes para verificar os *likes* e os comentários em suas postagens.
De acordo com o Center of Disease Control and Prevention [o
CDC, organização que gerencia dados de saúde nos Estados Uni-
dos], observamos um aumento muito significativo da ansiedade

e das angústias entre os jovens norte-americanos nascidos após 1996 (Geração Z). As internações hospitalares de garotas por automutilação aumentaram entre 2009 e 2015: 62% entre jovens de quinze a dezenove anos e 189% entre meninas de dez a catorze anos. A mesma coisa em relação aos suicídios: entre 2009 e 2019, em comparação com o período 2001-10, houve aumento de 70% entre pessoas de quinze a dezenove anos e de 151% na faixa de dez a catorze anos. Tudo indica que isso decorre das redes sociais.

Existem novas doenças ligadas ao vício em redes sociais: síndrome de ansiedade, isto é, uma necessidade compulsiva de exibir os mínimos detalhes da própria vida nas redes sociais; transtornos de personalidade, como a esquizofrenia de perfil, em que o indivíduo se perde em seus diferentes perfis e identidades on-line; a atazagorafobia (medo de ser esquecido nas redes); ou ainda a dismorfia Snapchat, nome de uma rede social extremamente popular entre os jovens, que oferece muitos filtros para modificar vantajosamente a aparência física. Trata-se de uma obsessão de alguns adolescentes, que querem reproduzir o efeito dos filtros por meio de cirurgia estética: alisamento da pele, modificação do olhar e da cor dos olhos, paetês, atributos de animais reais ou lendários etc.

Podemos acrescentar a esses distúrbios patológicos outros efeitos nocivos das redes sociais, como a confusão de ideias provocada pelo simples acesso à informação não hierarquizada nem identificada, em meio à qual florescem boatos, calúnias e teorias da conspiração, ou mesmo a "bolha" gerada pelo uso intensivo dessas redes. Já em 1983, antes da era da internet, o filósofo Gilles Lipovetsky denunciava, no livro *A era do vazio: Ensaios sobre o individualismo contemporâneo*, "o desejo de se manter isolado com outros seres que partilham as mesmas preocupações imediatas e circunscritas. Narcisismo coletivo: nós nos unimos porque somos semelhantes, porque estamos diretamente sensibilizados pelos mesmos objetivos existenciais".[5] As redes sociais simplesmente amplificaram esse fenômeno, e nada mais fizeram do que reforçar o confinamento dos indivíduos em bolhas de certeza. Porque nos agrupamos não apenas por afinidade, os algoritmos também nos enviam notificações e anúncios publicitários que correspondem aos nossos hábitos e aos nossos gostos, o que acentua o fenômeno de retraimento e de intolerância.

COMO SE DESLIGAR?

Como ajudar os adolescentes a se desligarem das redes sociais quando estão dependentes dela? Antes de mais nada, os educadores devem dar o exemplo de um uso moderado da internet — como explicar aos jovens que eles devem limitar seu tempo conectados se nos virem várias horas por dia com o nariz enfiado no celular? Existem cada vez mais sites dedicados a pais desorientados diante da dependência de seus filhos adolescentes (como lebonusagedesecrans.fr, na França). Nos Estados Unidos, muitos coaches e terapeutas se especializaram nessa questão da "conexão controlada", principalmente para crianças e adolescentes, como Glorian Degaetano, ex-professora norte-americana que criou a famosa rede global Parent Coach International.

Mas quaisquer que sejam os conselhos e métodos apresentados, o ponto que me parece mais crucial, e que raramente é mencionado, é o redirecionamento do desejo. Um adolescente viciado em redes sociais tem uma necessidade enorme de reconhecimento social e está dependente de dopamina. A forma mais segura de ajudá-lo a largar o vício não é simplesmente incentivando a abstinência, mas motivando-o a encontrar outra atividade que também lhe traga reconhecimento e dopamina. Como veremos melhor mais adiante, o filósofo Baruch Espinosa diz que somente com a força da razão e da vontade podemos abandonar um vício ou um desejo mal direcionado que nos deixa infelizes. Para isso, é preciso mobilizar um afeto positivo que seja mais poderoso que o afeto a ser dominado e, portanto, redirecionar nosso desejo para alguma coisa, alguma pessoa, alguma atividade que nos satisfaça mais. A razão vai nos ajudar a discernir esses novos objetos e nos dar a vontade de buscá-los, mas o motor da mudança será o desejo. Costumo contar o exemplo de um jovem adulto que se viciou em internet e ficou tão deprimido que não conseguia mais sair de seu quarto e se afastar das telas. Finalmente foi capaz de escapar porque alguém próximo lhe deu um gatinho adorável, que pouco a pouco capturou sua atenção e seu amor. Um dia ele começou a sair do quarto para abrir e fechar a janela da sala que dava para um jardim, deixando o gato entrar e sair. Aos poucos o amor e o interesse pelo gato o ajudaram a assumir o controle de si mesmo para superar a depressão e o vício. Isso também pode acontecer em relação a um novo caso amoroso e ao desejo de praticar uma arte ou uma atividade esportiva que nos motive... Na vida, tudo é questão de desejo e motivação. E quando nossos desejos são mal direcionados e prejudicam nossa saúde ou nos entristecem, a melhor solução é aprender a redirecioná-los para objetos que nos proporcionem alegria.

7. O desejo sexual

A sexualidade não se desvanece na sublimação, na repressão
e na moralidade, certamente ela se desvanece muito mais
naquilo que é mais sexual que o sexo: a pornografia.
Jean Baudrillard (século XX)

Quando comecei a escrever este livro, toda vez que dizia aos meus amigos que trataria do tema desejo, quase inevitavelmente eles respondiam: "Ah, até que enfim você vai falar de sexualidade!". O desejo sexual é sem dúvida o mais tangível e poderoso que existe, a tal ponto que quando alguém menciona a questão do desejo quase todo mundo pensa em sexo. O sexo, como já vimos, é de fato um dos reforçadores primários do cérebro. É uma das principais motivações do ser humano, e isso vai muito além da função reprodutiva a que é naturalmente dedicado. Nos buscadores da web, como o Google, a palavra "sexo" aparece no topo, e a humanidade consome mais de 136 bilhões de vídeos pornográficos por ano, numa média de 348 vídeos anuais por usuário de smartphone. Um terço dos vídeos diariamente visualizados na internet são imagens de natureza sexual.

A LIBIDO SEGUNDO FREUD

Freud, portanto, não estava de todo errado ao afirmar que a sexualidade era a principal força motriz do ser humano. Antes dele, os cientistas já haviam sublinhado o caráter determinante da sexualidade na atividade humana, mas a estudavam do ponto de vista evolutivo, biológico e anatômico. Com a publicação em 1905 dos *Três ensaios sobre a teoria da sexualidade*, o famoso médico vienense foi o primeiro a levar em conta a dimensão psíquica da sexualidade e a fazer dela a própria essência da atividade humana. Com base na noção de libido, Freud descreve a grande diversidade da pulsão sexual e suas múltiplas manifestações: a sexualidade infantil com as diversas fases (oral, anal, fálica e genital), a sexualidade como fonte de conflito psíquico, dimensão narcísica, bissexualidade etc. Chega mesmo a identificar a libido com a pulsão de vida, contrapondo-a à pulsão de morte.

Mas os principais discípulos de Freud acabaram contestando sua teoria sobre a sexualidade. Seu herdeiro, o psiquiatra suíço Carl Gustav Jung, acusou-o de querer transformar sua teoria da sexualidade num verdadeiro "dogma" e, quanto a essa questão, distanciou-se dele em muitos pontos: Jung rejeitou o complexo de Édipo e a ideia do desejo de incesto, afirmou que a maioria das neuroses não tem origem sexual e, acima de tudo, se recusou a identificar a libido apenas como pulsão sexual. Para ele, a libido é um "impulso" voluntário, um elã vital que leva o ser humano não só ao desejo sexual, mas também ao de ser reconhecido e de realizar-se espiritualmente. Na terceira parte deste livro voltarei a tratar com mais detalhes das teses junguianas sobre o desejo e o impulso vital. Ainda que Freud provavelmente tenha dado importância excessiva à pulsão sexual, fazendo dela o motor de todas as neuroses e de toda atividade humana, ele teve o mérito de enfatizar a importância dessa pulsão e revelar a dimensão psíquica do desejo sexual, o qual, particularmente no que se refere à imaginação, às emoções e ao jogo das fantasias, não pode ser reduzido a uma dimensão puramente biológica. No entanto, Freud também previu que as ciências biológicas e os estudos do cérebro, ainda incipientes em sua época, poderiam enriquecer consideravelmente a nossa compreensão da sexualidade humana. Assim, escreveu em 1920: "A biologia é verdadeiramente um campo de possibilidades ilimitadas, podemos esperar dela as mais surpreendentes revelações, e não somos capazes de imaginar as respostas que em algumas décadas ela dará às questões que lhe dirigimos".[1]

BIOLOGIA DO DESEJO SEXUAL

Um século depois, os imensos progressos da biologia e as novas contribuições das ciências cognitivas possibilitaram, de fato, compreender muito melhor o funcionamento da sexualidade humana: conhecemos os circuitos nervosos das vias do desejo sexual e identificamos por neuroimagem funcional as regiões do cérebro envolvidas no desejo e na excitação sexuais. Também se tornou possível identificar as substâncias químicas envolvidas no desejo sexual (dopamina, serotonina) ou amoroso (oxitocina, vasopressina) — a oxitocina reforça a ternura pela pessoa amada, enquanto a vasopressina tende a favorecer o apego a um único parceiro (monogamia). O biólogo francês Serge Stoléru destacou os quatro principais componentes da excitação sexual:

O componente cognitivo é a operação que nos leva a considerar certos estímulos (e não outros) como sexuais e atrai a nossa atenção para eles. O componente motivacional, ou seja, o desejo sexual propriamente dito, tende a mobilizar-nos em direção ao objeto que nos atrai. Existem também um componente emocional (prazer, perturbação etc.) e um componente corporal (reações genitais, hormonais etc.). E há mecanismos inibitórios que controlam esses fenômenos. Enfim, todos esses componentes têm ao mesmo tempo uma faceta subjetiva e uma faceta neural. A faceta subjetiva corresponde ao que vivenciamos, é a nossa fenomenologia. A faceta neural é o substrato dessas experiências.[2]

UNINDO A BIOLOGIA E A PSICOLOGIA

Em outras palavras, o desejo sexual mobiliza simultaneamente a nossa biologia, o nosso cérebro, as nossas emoções e o nosso psiquismo. Ao contrário de negar a dimensão psicológica do desejo, Serge Stoléru, como bom discípulo de Espinosa, defende acertadamente uma visão "monista" da sexualidade humana, que envolve corpo e mente ao mesmo tempo e, portanto, só pode ser compreendida em sua dupla dimensão, biológica e psicológica. Reduzir o desejo sexual apenas à dimensão neuronal e biológica é tão absurdo quanto enxergar somente a dimensão psíquica. Uma infinidade de fatores entra em jogo no desejo sexual: desde o impulso (inconsciente, na maioria das vezes) de lutar pela sobrevivência da espécie até as mais variadas representações e fantasias ligadas à cultura, às proibições e à história da pessoa, passando pelas emoções e pela química do cérebro. A partir de Freud e de Stoléru podemos reduzir todos esses componentes a duas vertentes inseparáveis: uma vertente subjetiva e psíquica (aquilo que vivenciamos) e uma vertente neural, encarnada na matéria e no funcionamento do nosso cérebro. O desejo sexual e amoroso é, portanto, um fenômeno ao mesmo tempo mental e cerebral, psíquico e biológico. Mas, ao contrário de Freud, eu não afirmaria que o desejo sempre envolve a sexualidade, mesmo o desejo amoroso, que muitas vezes pode surgir e, sobretudo, perdurar sem que uma pulsão sexual seja mobilizada. Freud elaborou sua teoria da sexualidade num momento histórico e numa sociedade em que isso era particularmente considerado tabu. Sua tese principal é de que o desejo sexual se alimenta mais da fantasia que nasce da falta gerada pela proibição do que pelo próprio objeto (a pessoa que desejamos). Um século depois, o movimento de liberação sexual marcou presença e subverteu representações e práticas sexuais. A noção freudiana de superego (uma interiorização da lei moral) evoluiu consideravelmente, e o desejo sexual, que de fato foi frustrado e alimentado durante muito tempo por interdições religiosas e culturais, não se expressa mais da mesma maneira. Os romances do século XIX e do início do século XX nos mostram até que ponto o desejo sexual muitas vezes está ligado à proibição (que sonhamos transgredir) e ao imaginário, que não se alimenta de nada: um pedaço de pele ou a ponta de um seio que vislumbramos. Em menos de cem anos passamos desse erotismo — no qual o outro é essencialmente desejável porque em parte não é visto e se mostra pouco acessível — à pornografia, onde tudo é mostrado, ostentado, possível, imediatamente consumível. Por conta da hipervisibilidade e da acessibilidade, será que a pornografia não matou a fantasia erótica e transformou a força do desejo sexual em vontade de consumir corpos?

PAIXÃO AMOROSA E AMOR NARCÍSICO

A sexualidade, como vimos, não consiste apenas em satisfazer uma necessidade fisiológica nem é praticada exclusivamente em função da reprodução. O desejo sexual recorre a emoções e sentimentos, a fantasias, a fenômenos de transferência, enfim, a toda uma dinâmica psíquica complexa. A psicanálise pôs em evidência essa galáxia de desejos, ligada especificamente a problemáticas infantis mal resolvidas. A nossa história, portanto, determina o nosso desejo sexual, e este, por sua vez, condiciona bastante a relação amorosa — e na maioria das vezes é sua fonte: a partir de uma atração física, somos levados a nos interessar por uma pessoa e a nos apegar a ela. Com exceção de certas sociedades tradicionais, em que os casamentos ainda são arranjados pelas famílias, hoje em dia a grande maioria dos casais é formada, de maneira consciente ou inconsciente, com base no desejo sexual, que com o tempo pode se desgastar e levar muitos casais a se separarem ou estabelecerem "arranjos" para que a sexualidade continue viva fora do casal (adultério, liberdade sexual mútua ou consentida para um dos parceiros, troca de casais etc.).

Assim, num primeiro encontro projetamos inconscientemente muitas coisas no outro, que idealizamos criando todo tipo de expectativas. É por isso que dizemos que o amor é cego. Prefiro dizer que o desejo sexual é que o cega, pois isso é algo que quase nunca acontece em uma relação de amizade, na qual o desejo sexual não está presente. O desejo sexual também se alimenta da falta, e às vezes acontece de a cultivarmos para reavivar o desejo do outro. Em filosofia, o que se denomina "paixão amorosa" corresponde a um estado em que padecemos (somos "passivos", daí a palavra "paixão") todos esses afetos complexos. Não estamos lúcidos, e sim somos prisioneiros da nossa imaginação, do nosso condicionamento social e psíquico, das nossas emoções. Nosso desejo é intenso, mas também somos levados a sofrer pela falta, pelo medo de perder o outro, de não sermos mais desejados etc. A possessividade e o ciúme se instalam. E muitas paixões amorosas acabam rapidamente, seja pela diminuição do desejo sexual quando a rotina se instaura, seja por um drama ligado ao ciúme ou por uma desilusão progressiva, quando descobrimos que o outro não é quem imaginávamos. Quando Frédéric Beigbeder escreve que "o amor dura três anos", não está falando do amor verdadeiro, mas da paixão amorosa ligada à intensidade do desejo sexual. E acho que ele é bastante otimista!

Freud também destacou a dimensão narcísica do amor-desejo: o outro se parece tanto comigo que, nele, posso amar a mim mesmo. Mas quando meu parceiro deixa de me oferecer um reflexo satisfatório de mim mesmo, deixo de desejá-lo e o abandono. Também posso estar mais apaixonado pelo próprio desejo ou pelo desejo do outro que pela pessoa em si! Precisamos, então, vivenciar o desejo e/ou nos sentir desejados, e se esse desejo se desvanece partimos para outra pessoa. Na terceira parte deste livro veremos como passar da paixão amorosa e do desejo narcísico para o amor verdadeiro, fonte de uma alegria mais profunda e duradoura.

PORNOGRAFIA, PERFORMANCE, NARCISISMO...
E ENFRAQUECIMENTO DO DESEJO

Podemos apontar, a meu ver, três tendências contemporâneas concomitantes em relação ao desejo sexual. Primeiro, aquilo que o filósofo coreano Byung-Chul Han chama de "inferno do idêntico", quando a alteridade desaparece e o outro é reduzido a objeto de um espelho narcísico. Depois, o culto ao desempenho sexual e ao gozo a todo custo. Em poucas décadas, passamos de um superego ligado a tabus morais e religiosos para um superego ligado à performance. Uma imposição deu lugar a outra: a antiga proibição do prazer fora do casamento foi substituída por um "você tem que ser bom de cama e sentir o máximo de prazer". Por fim, assistimos a um enfraquecimento do desejo sexual, sobretudo entre as gerações mais jovens, e é bem possível que essa terceira tendência seja consequência das duas primeiras. Já em 1983 o perspicaz sociólogo francês Jean Baudrillard escreveu estas linhas: "A sexualidade não se desvanece na sublimação, na repressão e na moralidade, certamente se desvanece muito mais naquilo que é mais sexual que o sexo: a pornografia".[3] Segundo ele, o sucesso mundial da pornografia não é fruto da liberação sexual, mas da vitória do capitalismo, que transforma tudo em mercadoria — inclusive os corpos, reduzidos à sua capacidade de serem exibidos e consumidos. Byung-Chul Han deu continuidade ao trabalho de Baudrillard e quis mostrar que a transição do erótico ao pornográfico, da proibição transgressível à permissividade absoluta, do desejo alimentado pela expectativa e pela imaginação à pulsão satisfeita de imediato — tal transição marca o fim da alteridade nas relações sexuais e amorosas. O outro é reificado, reduzido ao estado de objeto consumível e narcísico:

> O desejo do outro dá lugar ao conforto do igual. Buscamos a imanência cômoda e, em última análise, confortável do igual. Atualmente, o amor é desprovido de qualquer transcendência e qualquer transgressão [...]. O eros visa ao outro, no sentido empático, que não se deixa recuperar pelo regime do ego. Nesse inferno do igual, cujas marcas estão cada vez mais presentes na sociedade atual, não há experiência erótica. Ela pressupõe a assimetria e a exterioridade do outro.[4]

Essas análises filosóficas parecem ser confirmadas por uma observação sociológica recente: a diminuição do desejo sexual entre muitos jovens ocidentais. Em seu relatório anual, o Institut

Français d'Opinion Publique divulgou em fevereiro de 2022 uma pesquisa com mil jovens franceses que revelou: 43% dos jovens de quinze a 24 anos não tiveram relações sexuais nos últimos doze meses e 44% fizeram sexo com apenas um parceiro. Estamos muito longe da ideia preconcebida de sexualidade desenfreada entre os jovens, favorecida pelo consumo de pornografia e pelos aplicativos de relacionamentos fáceis. Intrigadas com esses números, duas jornalistas do *Le Monde*, Lorraine de Foucher e Sophia Fischer, publicaram em 9 de julho de 2022 uma pesquisa fascinante, feita com muitos jovens dessa geração e alguns influenciadores do Instagram que escreveram livros a partir de inúmeros testemunhos sobre o assunto. Podemos tirar duas lições principais desse trabalho. Em primeiro lugar, o sexo assusta. Assusta os rapazes devido à ideia de desempenho a que está associado. Muitos jovens relatam os traumas da primeira vez, do "não consegui", e a angústia de não estarem à altura, de não darem prazer suficiente ao parceiro ou de eles próprios não obterem prazer. As garotas estão preocupadas em não conseguir gozar como dita a norma e têm mais medo da violência — da qual muitas parecem ter sido vítimas. Preferem então a castidade ao risco de ter relações ou práticas sexuais forçadas (como a felação). Além do medo, os jovens também expressam verdadeira aversão ao consumismo sexual, como revela Jeanne, de 24 anos: "Os aplicativos são um pouco como um Uber Eats do sexo. A gente cansa rapidinho [...]. Ultimamente tenho buscado a explosão, a raridade. E, de tanto buscar a exceção, nada mais acontece". Ou então Cameron, de 23 anos, homossexual, que explica por que quer se libertar dos padrões sexuais de desempenho e consumo aos quais estava preso: "Quero uma segunda primeira vez. Mas agora vou me escutar mais, vou dedicar um tempo para conhecer a pessoa, ter encontros, contar o que eu gosto. E teríamos um tempo nosso para estabelecer alguma coisa só entre nós".

Em suma, cansados ou pressionados pelos padrões da pornografia e pelo culto ao desempenho, muitos jovens redescobrem, ou tentam redescobrir, a força do desejo sexual, que se alimenta mais da imaginação, da expectativa, da cumplicidade, das emoções, do amor e também, sem dúvida, das fantasias ligadas ao proibido (por mais que a teoria freudiana me pareça um tanto redutora). Ou seja, a força de uma verdadeira redescoberta da alteridade, do outro — no que ele tem de único, misterioso, comovente. Como Baudrillard entendeu tão bem, o desejo sexual acaba desaparecendo na pornografia e no consumo de corpos. E renasce, pelo contrário, no erotismo da sugestão, da imaginação, da magia de um encontro verdadeiro e de toda a gama de emoções e sentimentos que decorrem daí. Para despertar um desejo intenso, aliás, pouco importa se o encontro é feito para durar ou não, se é ilusório e passional ou profundo e verdadeiro. Trata-se apenas, nessa primeira etapa do desejo, de se relacionar com uma pessoa e não apenas com um corpo tomado como único objeto de prazer.

REINVENTANDO A SEXUALIDADE E O VÍNCULO AMOROSO

De modo geral, observamos cada vez mais entre os jovens um desejo de fugir de todos os modelos padronizados de sexualidade oferecidos pela sociedade: hétero ou gay, performance e pornografia ou romantismo, fidelidade ou infidelidade. Eles procuram experimentar o que lhes interessa a fim de evoluir ou testar vários modelos: experiências sucessivas, poliamor, casal estável, homo ou heterossexualidade etc. Assim, um número crescente de jovens se define como pansexual, ou seja, capaz de sentir atração sexual ou amorosa por qualquer pessoa, independentemente do sexo ou gênero. Assistimos também a fenômenos cada vez mais frequentes de dissociação entre o sexo puramente físico, por um lado, e o amor romântico, por outro: amamos uma pessoa por quem não sentimos necessariamente desejo sexual e vivenciamos experiências físicas em outro lugar, sem nenhum sentimento. Em suma, o desejo sexual e amoroso está em plena recomposição e busca sair de todos os padrões sociais dominantes, inclusive o mais recente: o da performance e do consumo.

Segunda Parte

A regulação do desejo

1. Aristóteles e Epicuro: Sabedoria da moderação

Há que ser grato à bem-aventurada natureza,
que fez as coisas necessárias serem fáceis de alcançar
e as coisas difíceis de alcançar não serem necessárias!
Epicuro (século IV a.C.)

Partindo do funcionamento do nosso cérebro primário e da concepção platônica do desejo como falta, evocamos ao longo destes capítulos os impasses e as armadilhas a que essa forma de desejo pode levar: insatisfação permanente, comparação, inveja, ciúmes, vícios etc. Em suma, o desejo desencadeado pelo corpo estriado e motivado pela falta pode proporcionar grande prazer, mas também leva muitas vezes à frustração, ao desgosto, à depressão, à infelicidade. Além disso, não deixa de causar, por vezes, sérios problemas de relacionamento: paixão destrutiva, cobiça e ciúme mortífero, inveja rancorosa etc. É por isso que todas as grandes tradições religiosas, e também os filósofos da Grécia Antiga ou da Índia, tentaram regular o desejo humano, limitá-lo, enquadrá-lo. Essas várias escolas de sabedoria consideram a filosofia um remédio para a alma e, por um caminho mais ou menos ascético, propõem uma terapia. E é nisso que as visões divergem e por vezes se opõem. Entre as grandes correntes de sabedoria do mundo antigo, distinguirei, por um lado, aquelas que defendem uma moderação do desejo mediante o uso da razão, sem por isso, contudo, questionar o desejo nem o prazer que ele proporciona; e, por outro, aquelas que afirmam que o problema vem do próprio desejo e que este deveria ser eliminado ou transformado radicalmente mediante uma disciplina da mente e do corpo. Antes de estudar os partidários dessa posição bem mais radical, particularmente o budismo e o estoicismo, consideremos o pensamento ético dos dois principais representantes da primeira corrente: Aristóteles e Epicuro.

ARISTÓTELES E A VIDA FELIZ

Nascido em Estagira, cidade da Macedônia, Aristóteles foi para Atenas e ali acompanhou o ensino de Platão na Academia durante vinte anos. Depois atendeu ao convite de Felipe da Macedônia para tornar-se tutor de seu filho, o futuro Alexandre, o Grande, antes de retornar a Atenas em 335 a.C. e fundar, aos 49 anos, a própria escola filosófica: o Liceu. Seus interesses envolviam tanto a biologia como a física, tanto a matemática como a poesia ou a retórica, tanto a astronomia como a metafísica, mas sem dúvida sua obra mais relevante e atual continua sendo aquela dedicada à filosofia ética. Aristóteles diverge de Platão na questão do desejo, que a princípio não encara pelo prisma da falta. Em seu livro *De anima*, o estagirita explica que o desejo é a única força motriz do ser humano: "O intelecto obviamente não se move sem desejo", ao passo que o desejo "pode se mover independentemente de qualquer raciocínio". Há, portanto, "um único princípio motriz: a faculdade desejante".[1] Assim, em vez de considerar o desejo como problema, Aristóteles inicia sua *Metafísica* com esta frase: "Todos os homens têm por natureza o desejo de conhecer" — e foi graças a esse desejo, afinal de contas, que nasceu a filosofia. O desejo é, então, o motor das nossas vidas, mesmo no plano intelectual, e Aristóteles foi o primeiro filósofo a formular isso com tal clareza. A simples existência dessa alma desejante (*to orektikon*), una e irredutível a outras potências psíquicas, não significa que ela seja capaz de fixar seu objeto sem a participação de outras faculdades da alma, chamadas de discriminantes, tal como a sensação, a imaginação ou o pensamento.[2] Em outras palavras, o desejo (*orexis*) é sempre correlato no ser humano a um pensamento, uma imagem, uma sensação, e é isso que lhe permite partir em busca de um objeto ou de outro. O que às vezes leva a conflitos internos entre dois desejos contraditórios, impulsionados por diferentes faculdades da alma.[3] Por exemplo, movido por uma sensação visual ou pela minha imaginação, posso desejar ter uma relação sexual com uma pessoa, mas meu pensamento pode gerar o desejo oposto. Aristóteles descreve como incontinente (*akrates*) alguém que deseja (*boulesthai*) o bem, mas quer (*epithumein*) outra coisa, até mesmo o contrário. A ética — que, para Aristóteles, visa à felicidade — consiste então, em boa parte, na capacidade que temos de resolver nossos próprios conflitos internos entre desejos ou anseios contraditórios. O que é complicado para a criança, movida sobretudo por desejos sensíveis, revela-se mais fácil para o adulto, cuja dimensão racional é mais forte e transmite à alma desejante o que a razão considera bom (*agathon*). Isso é o que Aristóteles chama de "anseio" (*boulēsis*). A *boulēsis* modifica nossa relação com o desejo e nos ajuda a modular, refrear, adiar ou abandonar nossos apetites sensíveis (pulsões, desejos dos sentidos...). Também nos permite hierarquizar valores em relação ao que consideramos melhor, nos permite fazer projetos de longo prazo e estabelecer um plano de vida. É a *boulēsis* que nos leva a tomar "boas decisões" no início de cada ano. Esse desejo-anseio ligado à razão, que emana da nossa alma desejante, constitui o motor da nossa ética de vida. É com base nele que encontraremos os melhores meios e os melhores caminhos para lograr o propósito de nossa existência: ser feliz. Aristóteles escreve no início da *Ética a Nicômaco*: "A felicidade é a única meta que sempre buscamos por si mesma e nunca no interesse de outra coisa".[4] Como em seguida veremos também em Epicuro, Aristóteles considera que não pode haver vida feliz sem prazer. O prazer é o fundamento da felicidade, e todos os nossos desejos se voltam para a busca de uma satisfação que nos dê prazer. Entre os prazeres, porém, há uma hierarquia. Aristóteles considera que os prazeres do coração — o amor e a amizade — e, sobretudo, os prazeres da mente (que considera um atributo divino) — o conhecimento e a contemplação — são superiores aos prazeres do corpo (sexo, comida) porque pertencem às partes menos animais e mais propriamente humanas do nosso ser. Ele escreve no final da *Ética a Nicômaco*: "O próprio do homem é, então, a vida do espírito, pois é o espírito que constitui essencialmente o homem. Uma vida assim também é perfeitamente feliz".[5] A *boulēsis* nos permite, então, orientar-nos progressivamente na direção dos nossos desejos mais humanos e mais refinados. A geleia ou o chocolate podem ser nossos principais objetos de desejo aos cinco anos, o sexo e o reconhecimento social aos quinze, mas a amizade e a vida do espírito devem ser os que polarizam o essencial dos nossos desejos na maturidade, pois um adulto só pode se satisfazer de forma plena com os prazeres sensíveis ou sociais. Além disso, o prazer é fugaz, necessita de realimentação constante e é moralmente indefinido (o carrasco sente prazer torturando a vítima), por isso Aristóteles também afirma que ele não pode ser o único guia de uma vida. A razão nos conduz igualmente a discriminar os prazeres, a coordená-los e a levar uma existência virtuosa, fonte de felicidade. Aristóteles define a virtude como "um justo meio" entre dois extremos, ambos considerados vícios. Por exemplo, a coragem é um justo meio entre a covardia e a imprudência. A temperança é um justo meio entre a gula e o ascetismo. A generosidade é um justo meio entre a avareza e a prodigalidade etc. Esse caminho do justo meio cria, assim, uma ética da moderação: quem pretende governar a própria vida tendo em vista o bem precisa aprender a evitar os excessos, incluindo os da via ascética, de renúncia aos prazeres, que foi defendida por certos filósofos atenienses contemporâneos de Aristóteles, como Espeusipo, um sobrinho de Platão. Aristóteles ainda afirma que desenvolvemos e fortalecemos a virtude com a prática. Da mesma maneira que alguém se torna ferreiro forjando, explica ele, nós ficamos virtuosos praticando a virtude. A verdade é que nos tornamos corajosos praticando atos de coragem, justos praticando atos de justiça, sóbrios praticando atos de temperança, humildes praticando atos de humildade etc. Cada pequeno ato virtuoso ajuda a nos fortalecer, e assim, aos poucos, cria um hábito, uma dobra da alma, que enraíza a virtude em nós. Para isso, lançamos mão de uma virtude racional, a sabedoria prática (*phronesis*), que nos ajuda a discernir o que é bom e nos permite fazer a escolha voluntária de ser virtuosos para alcançar a felicidade e para agir de maneira justa em sociedade. Se, como vimos, a maioria dos homens se sente dilacerada por desejos contraditórios, não acontece o mesmo com o homem virtuoso, cujos desejos se coadunam inteiramente com aquilo que a razão julga ser bom. Para Aristóteles, portanto, não há vida feliz nem vida moral sem a razão, mas tampouco sem o desejo, porque é a alma desejante que mobiliza tanto a razão, para colocá-la em movimento, como a vontade, para lhe dar a força de buscar o bem.

EPICURO: O PODER DA MODERAÇÃO

Algumas décadas mais tarde, em 306 a.C., outro filósofo, Epicuro, fundou aos 35 anos uma nova escola em Atenas: o Jardim. No plano metafísico, Epicuro se opõe radicalmente a Aristóteles: não acredita na existência de um princípio divino nem na imortalidade da alma e toma emprestado de Demócrito sua concepção materialista de uma realidade inteiramente composta de átomos indivisíveis. Mas, por outro lado, desenvolve uma filosofia ética que visa à felicidade, muito próxima em vários aspectos do pensamento do estagirita, e igualmente baseada no prazer e na moderação.

Epicuro começa questionando-se de maneira muito pragmática: "Em relação a cada desejo, devemos fazer a seguinte pergunta: que vantagem haveria para mim se eu o satisfizesse, e o que aconteceria se não o satisfizesse?".[6] Com essa intenção terapêutica, o filósofo ateniense estabelece uma distinção entre vários tipos de desejo. Em primeiro lugar, existem os desejos naturais e necessários (que podem ser comparados às necessidades): comer, beber, vestir-se, ter um teto etc. Depois vêm os desejos naturais e não necessários, como a cozinha sofisticada, a beleza das roupas, o conforto da moradia etc. Por fim, os desejos que não são naturais nem necessários e que poderiam ser qualificados como supérfluos: luxo, honras, poder, fama etc. Epicuro afirma que para ser feliz basta satisfazer os desejos naturais e necessários. Podemos buscar os desejos naturais e desnecessários, mas com desapego, e convém evitar ir atrás de desejos não naturais, sobretudo aqueles relacionados a fama e riqueza, que são difíceis de obter e geram preocupação e frustrações. E Epicuro se entusiasma: "Há que ser grato à bem-aventurada natureza, que fez as coisas necessárias serem fáceis de alcançar e as coisas difíceis de alcançar não serem necessárias!".[7]

Existe um mal-entendido persistente sobre Epicuro e sua filosofia ética, que muitas vezes é tida como uma filosofia de vida baseada na busca incontida por numerosos e intensos prazeres sensoriais. Essa interpretação errônea remonta à época do filósofo: foi obra de seus adversários, que tentaram desacreditá-lo afirmando que seu jardim era um espaço de devassidão dos sentidos. Mas não era nada disso! Epicuro gostava de filosofar no famoso jardim, em companhia de alguns amigos e discípulos, em torno de uma refeição simples, mas boa. Basicamente, ele defende a busca de qualidade em todas as coisas — qualidade nas relações de amizade, qualidade na comida e na bebida, qualidade na vida —, em vez de quantidade. Deve-se buscar o prazer, mas um prazer simples, acessível e de qualidade.

Assim, para Epicuro o critério último é a utilidade do desejo em relação ao bem, o prazer, e ao bem supremo, a felicidade — ou seja, um prazer profundo e duradouro que, com a ajuda da razão, nos leva a discriminar os prazeres: "O prazer é o princípio e o fim de uma vida feliz", escreveu ele. "Por esse motivo, tampouco escolhemos todos os prazeres. Por vezes deixamos muitos prazeres de lado, quando não trazem mais que inconvenientes."[8] Tal como Aristóteles, ele afirma que a sabedoria prática (*phronesis*) nos ajuda a discernir entre os desejos que convém perseguir e aqueles que é melhor abandonar. Essa sabedoria prática também nos leva muitas vezes a preferir uma dor temporária (como fazer um tratamento doloroso), se soubermos que ela nos levará a um prazer duradouro (a saúde), a um prazer efêmero (como um excesso de comida ou bebida) se soubermos que ele nos levará a uma dor duradoura (a doença). A *phronesis* é, assim, a virtude intelectual que nos permite discernir os desejos e, às vezes, limitá-los ou renunciar a eles. O discernimento e a moderação são o núcleo do pensamento epicurista, por mais que este sempre vise à busca do prazer e da felicidade. A razão, portanto, regula os nossos desejos, o que levará Lucrécio, o grande discípulo romano de Epicuro, a dizer: "O prazer verdadeiro e puro é um privilégio das almas razoáveis, e não dos infelizes desencaminhados".[9]

2. Estoicismo e budismo: Libertar-se do desejo

O mundo padece de falta e deseja avidamente;
é um escravo da sede.
Buda (século VI a.C.)

Todas as correntes de sabedoria do mundo antigo se preocupam com a questão do desejo e sua regulação. Mas nem todos compartilham o ponto de vista de Aristóteles e de Epicuro, para os quais a busca do prazer (*hedonē*) e a busca da felicidade (*eudaimonia*) convergem, por obra da razão que nos permite discernir e moderar nossos desejos. Outras correntes são muito mais radicais e consideram que o problema é o desejo *em si*. É o que pensam especificamente as duas principais correntes de sabedoria do Oriente e do Ocidente: o budismo e o estoicismo.

ESTOICISMO: SUPRIMIR O DESEJO

A escola estoica, fundada por Zenão em Atenas no início do

século III a.C., deve seu nome ao pórtico (*stoa*) sob o qual ele lecionava. Zenão, um simples comerciante vindo de Chipre, se propõe a romper com o caráter aristocrático dos ensinamentos de Platão e de Aristóteles e levar a filosofia para a rua. Desprezado pelas elites intelectuais atenienses por não ser grego, ele fazia questão de se dirigir a todos — gregos e estrangeiros, alfabetizados e analfabetos, homens e mulheres, cidadãos e escravos — e fundou uma escola que influenciou o mundo antigo por quase mil anos, marcando profundamente tanto a futura religião cristã como a filosofia do Renascimento. O pensamento estoico é baseado na ideia de um Universo perfeitamente ordenado (*cosmos*) por uma razão divina universal (*logos*) à qual o ser humano está ligado por seu *logos* pessoal. Também existe, segundo os estoicos, uma lei de causalidade universal que determina o destino de todos os seres. Além disso, estão convencidos de que o mundo é bom e que tudo contribui para o bem dos seres, mesmo que não tenhamos consciência disso. Esses postulados ontológicos nos permitem compreender melhor a ética estoica, que nos convida a aceitar aquilo que é e que não pode ser mudado: "Não espere que os acontecimentos sucedam como tu queres", escreve Epiteto, um ex-escravizado romano que se tornou filósofo. "Decide querer aquilo que te acontece, e serás feliz."[1]

ESTOICISMO E BUDISMO

A ética estoica visa a dois objetivos: autonomia (*autarkeia*), a liberdade interior, e tranquilidade da alma (*ataraxia*), a paz interior. E considera o desejo como o principal obstáculo para atingir esses objetivos. O desejo realmente afeta e subjuga a alma (é uma paixão); no entanto, não se trata aqui simplesmente de controlar os nossos desejos mediante o uso da razão, como propõem Aristóteles ou Epicuro, mas de suprimi-los. O desejo é uma doença que precisa ser erradicada. Dessa maneira, a sabedoria estoica aspira à *apatheia*, a ausência de desejos, para com ela atingir a *ataraxia*, a ausência de perturbação. Trata-se, portanto, de substituir os apetites, que nos impelem a desejar, pela vontade, concebida — segundo Aristóteles — como um querer racional (*boulēsis*). A questão não é mais desejar o mundo, e sim querê-lo. Não se trata mais de desejar comer, fazer amor, aprender ou aperfeiçoar-se, mas de querer fazer essas coisas. Enquanto nos mantivermos na ordem do desejo, estaremos submetidos à desordem dos nossos impulsos e dos nossos apetites, muito difíceis de controlar com a razão. Nesse caso, uma felicidade profunda e duradoura, a verdadeira paz interior, será impossível para sempre. Ao passo que, se renunciarmos aos nossos desejos e os substituirmos por vontades racionais, seremos senhores de nós mesmos e estaremos realmente em paz. Nada mais poderá nos perturbar, tanto em nosso mundo interior quanto no mundo externo. Essa passagem do desejo à vontade constitui uma verdadeira conversão filosófica e passa por um poderoso esforço ascético: a aniquilação dos nossos apetites sensíveis ou intelectuais, para substituí-los por uma vontade racional. "Não é pela satisfação dos desejos que se obtém a liberdade, mas pela destruição do desejo",[2] escreveu Epiteto em seus *Discursos*, no início de nossa era. Como veremos a seguir, essa concepção tão exigente, que leva a certa austeridade na vida, influenciará profundamente a religião cristã alguns séculos mais tarde, embora não deixe de ter semelhanças com outra grande corrente filosófica, da Índia: o budismo.

BUDISMO: MATAR A SEDE

Contemporâneo de Pitágoras, Sidarta Gautama, a quem seus discípulos chamariam de Buda — que quer dizer "o desperto" —, viveu no norte da Índia durante o século VI a.C. Buda a princípio foi casado e desfrutou do luxo de uma vida principesca, até deixar tudo para trás e se retirar para os bosques. Buscando a libertação do *samsara*, o ciclo incessante de renascimentos produzido pelo *karma*, durante dez anos ele pratica um ascetismo severo, com o objetivo de reprimir todos os desejos. Não conseguindo fazê--lo, decide buscar outro método e mergulha numa meditação profunda. É nesse momento que acede ao "Despertar", um estado de libertação, e começa a ensinar esse caminho de libertação aos primeiros discípulos. Buda se considera um médico da alma e, tal como as escolas de sabedoria gregas, apresenta o seu caminho espiritual como uma jornada terapêutica destinada a libertar o ser humano do sofrimento. Em seu famoso discurso de Benares, começa lembrando aos discípulos que convém evitar duas atitudes extremas que ele havia experimentado em sua vida passada: entregar-se completamente aos prazeres dos sentidos ou renunciar totalmente a eles. Tal como Aristóteles, também defende um "caminho do meio". Depois expõe quatro verdades fundamentais, a base de todo o seu pensamento. Primeira verdade: tudo é *dukkha*. É difícil traduzir essa palavra em sânscrito, porque significa ao mesmo tempo dor, insatisfação, sofrimento e conflito. Fiquemos com a palavra "dor", mas levando em conta que essa dor é muito vasta e comporta globalmente três dimensões: a dor física e mental (doença, conflito interno, insatisfação, angústia, desequilíbrios emocionais etc.); a dor relacionada com as mudanças (nascimento, velhice, morte, separação etc.); a dor ligada ao condicionamento dos nossos cinco agregados (*skandhas*) do apego (forma, sensação, percepção, formação mental e consciência). Assim, Buda parte da observação de que a dor permeia nossa vida, do nascimento à morte, e persiste indefinidamente mediante o fenômeno da transmigração (que no Ocidente é chamado de "reencarnação"). A segunda verdade, *samudaya*, diz respeito à causa da *dukkha*, que é o desejo, a sede (*tanha*), que por sua vez também tem três dimensões: desejos sensoriais e psíquicos; desejo de perpetuar o ciclo de renascimentos; desejo de fugir da experiência do mundo e de suas sensações dolorosas. "O mundo padece de falta e deseja avidamente; é um escravo da sede",[3] resume Buda. Observemos que para ele é essa sede que produz, junto com a ignorância, "as três raízes do mal": a cobiça, o ódio e o erro. Depois vem a terceira verdade: *nirodha*, a extinção da sede, que leva ao estado de *nirvana*, a cessação completa da dor, a libertação final. Na quarta verdade, Buda expõe o caminho (*magga*) que leva à cessação da dor e ao *nirvana*, "o nobre caminho óctuplo": a visão correta, o pensamento correto, a fala correta, a ação correta, o meio de vida correto, o esforço correto, a atenção correta e a concentração correta. Mediante a prática rigorosa dessa disciplina ética que leva à extinção da sede, Buda promete aos discípulos o caminho da libertação, o *nirvana*.

Como se vê, as semelhanças entre o ascetismo budista e o ascetismo estoico são surpreendentes: em ambos os casos, o objetivo é escapar à servidão do desejo, e às vezes os meios propostos para alcançar isso são muito semelhantes. Contudo, examinando as coisas mais de perto, percebemos que o estoicismo busca erradicar o desejo em si mesmo, enquanto o budismo busca, mais especificamente, extinguir a sede associada ao desejo. O que deve ser suprimido não é o desejo, é o *apego* que resulta dele. É normal que eu sinta desejo de ser saudável, mas se me apegar a esse desejo vou me sentir infeliz quando tiver uma doença. É saudável desejar progredir espiritualmente e atingir o *nirvana*, mas se eu ficar apegado a esse desejo vou sofrer com os progressos limitados ou por não atingir logo esse objetivo elevado. Trata-se, então, de aprender a desejar de uma maneira desapegada, sem avidez, sem cobiça, sem expectativa. Vemos, assim, que o problema não é exatamente o desejo, mas o desejo-apego, movido pela sede. E toda a disciplina budista visa obter esse "não apego" — aos seres, ao mundo e à vida —, que aliás nada tem a ver com desapego, que seria uma espécie de indiferença fria a tudo. No espírito profundo da doutrina original de Buda, abandonar o desejo-apego é, a meu ver, atingir um estado de liberdade e paz interior que não impede o amor ao próximo e à vida, mas que nos ensina a apreciá-los aceitando que tudo pode desaparecer ou ser tirado de nós (porque na doutrina budista tudo é impermanente). Numa relação amorosa, por exemplo, trata-se de aprender a amar sem ciúme ou possessividade, sabendo que o outro não me pertence, que pode me abandonar ou morrer sem que isso me deixe transtornado. Trata-se de uma forma de aceitação profunda daquilo que é (*amor fati*, como diria Nietzsche), o que também evoca a sabedoria estoica, que visa querer o real em vez de desejá-lo e padecê-lo. Mas evidentemente é uma sabedoria muito difícil, por exigir uma compreensão correta das coisas e uma atenção permanente à correção das nossas intenções, dos nossos pensamentos, das nossas palavras, bem como um domínio perfeito dos nossos afetos. No contexto do budismo, ela muitas vezes também leva a uma vida monástica, para que se possa dedicar todo o tempo à prática espiritual e à disciplina ética — e também porque é mais fácil viver de maneira desapegada quando não se tem família!

3. A lei religiosa

Não cobiçarás [...] *nada que pertença ao teu próximo.*
Décimo mandamento bíblico
(Deuteronômio 5,20-21)

Foi também para enfrentar o desregramento do desejo humano
e a violência que ele pode gerar que as grandes tradições religiosas impuseram uma lei divina aos fiéis. A razão não está ausente
do discurso religioso, longe disso, mas nele ela está submetida à
fé. A fé na revelação divina constitui a base das grandes religiões
históricas, e é nela que se baseia a lei, o conjunto de mandamentos e normas que regula a vida dos fiéis. A razão vem explicar a
necessidade da lei, comentá-la, interpretá-la, mas nunca a ques-
tiona, pois considera que ela foi escrita, desejada ou inspirada
pelo próprio Deus. Tomemos o exemplo das três grandes religiões
monoteístas.

JUDAÍSMO

A Torá, a lei religiosa judaica revelada por Moisés, impõe 613 mandamentos aos judeus praticantes. Entre esses mandamentos, conhecemos sobretudo as dez sentenças (que a tradição cristã mais tarde chamará de "dez mandamentos") que Deus teria gravado em tábuas de pedra e entregado a Moisés no monte Sinai. Elas podem ser resumidas desta forma: a primeira sentença ensina que Deus é Um, que só Ele deve ser venerado. O segundo mandamento nos intima a não criar nenhuma imagem animal para adorar, o terceiro a não invocar o nome de Deus em vão, o quarto a observar o sétimo dia da semana abstendo-nos de realizar qualquer trabalho nesse dia, o quinto a honrar os nossos pais, o sexto a nos proibir de matar, o sétimo a não cometer adultério, o oitavo a não roubar, o nono a não prestar falso testemunho, o décimo a não cobiçar nada que pertença a outrem ("Não cobiçarás a mulher do teu próximo; não desejarás a casa do teu próximo, nem o seu campo, nem o seu servo, nem a sua serva, nem o seu boi, nem o seu jumento, nem qualquer coisa que pertença ao teu próximo").[1]

Se os primeiros mandamentos dizem respeito ao culto que os fiéis devem prestar a Deus, os outros visam regular as relações entre os seres humanos por meio de uma série de interdições: proíbem o homicídio, o adultério, o roubo, a mentira e a cobiça. A regulação do desejo se encontra, assim, no cerne da lei divina. Não é mais a razão, como na filosofia grega, que permite essa regulação, e sim a observância da lei divina. Portanto, é por injunção de uma norma externa que o fiel tenta regular as paixões e os desejos. Dois afetos poderosos podem ajudá-lo a fazer isso: o amor e o medo. Amor a Deus e desejo de ser fiel a seus mandamentos, ou então temor a Deus e a seu castigo. A regulação social também desempenha papel muito importante na observância religiosa:

mesmo que o fiel invista pouco do seu afeto pessoal na prática religiosa, ele está atento ao olhar dos outros e teme ser excluído da comunidade se transgredir a lei. A lei religiosa desempenha, então, duas funções: regular os desejos — e, portanto, reduzir a violência — e manter a coesão social.

CRISTIANISMO

Embora judeu praticante, Jesus se distanciou da lei mosaica ao situar o amor acima da lei (voltarei ao assunto mais adiante, no capítulo 5, sobre místicas do desejo). Mas seus discípulos não demoraram a voltar à noção de observância estrita de uma lei religiosa imposta pela Igreja a todos os fiéis. Inspirada nos mandamentos bíblicos, a Igreja lhes impõe todo um conjunto de regras, e o direito canônico eclesiástico se expande consideravelmente na Idade Média. É nesse contexto que se cria a lista dos famosos sete pecados capitais que podem levar ao inferno: o orgulho, a avareza, a inveja, a raiva, a luxúria, a preguiça e a gula. Ora, esses pecados correspondem em grande parte aos desejos desregrados produzidos pelo nosso corpo estriado: a gula corresponde ao reforçador primário da busca por comida; a luxúria, ao da busca por sexo; o orgulho e a inveja, ao da busca por status social; e a preguiça, ao da busca pelo menor esforço. Isso levou o neurocientista Sébastien Bohler a dizer: "Grande parte do trabalho de um cristão na Idade Média consistia em lutar com sua vontade contra os grandes reforçadores primários".[2] Na tradição cristã, encontramos dois tipos de regulação do desejo. O primeiro é aquele imposto pela lei da Igreja que historicamente apelou, na maioria das vezes, ao temor do castigo divino. O fiel luta com todas as forças contra a tentação, isto é, contra impulsos e desejos não lícitos (sexo fora do casamento, gula, inveja, desejo de dominar os outros etc.) e conta com a ajuda divina para dominar os desejos. O segundo, par a par com essa concepção — em parte herdada do estoicismo e que recorre essencialmente à vontade —, encontra outra regulação, mais próxima do aristotelismo ou do epicurismo, que recorre mais à razão para regular os maus desejos. Assim, a ascese cristã está na encruzilhada dessas duas visões herdadas do mundo antigo. O objetivo da maioria dos Padres do Deserto é aniquilar o desejo para, assim, adequar a própria vontade à vontade divina e passar a querer apenas o bem. Isso pode ter levado a todo tipo de mortificação (sofrimentos corporais voluntários) a fim de suprimir os impulsos carnais, ou a atos de humilhação voluntária para combater o orgulho. Para outros Padres da Igreja, porém, mais sensíveis ao papel da razão, tratava-se antes de coadunar todas as faculdades humanas com a mente, iluminada por suas luzes naturais e pela fé. A fé e a razão se associam, então, nesse combate ascético pela virtude e pela santidade.

ISLAMISMO

A noção de lei divina também está no cerne da terceira grande religião monoteísta: o islã. Fundada no século VI por Maomé, na península Arábica, a religião muçulmana pretende caracterizar-se como continuidade do judaísmo e do cristianismo e considera Maomé o último profeta de uma longa linhagem que começa com Abraão, "o pai dos crentes". O Deus bíblico passa a ser chamado de Alá, e Maomé impõe aos fiéis cinco mandamentos fundamentais que serão chamados de "cinco pilares do islã": a profissão de fé no Deus único, a peregrinação a Meca, as cinco orações diárias, o jejum anual do Ramadã e a prática de dar esmola aos pobres.

Deixando de lado a profissão de fé, podemos ver nos outros quatro pilares uma forma de regulação do desejo: a peregrinação e o jejum têm o objetivo de moderar os desejos carnais por determinado tempo e, assim, dominar melhor o corpo. A oração, que convida à humildade diante de Deus, e a esmola, que promove a partilha e a justiça, são formas de regular os desejos de dominação e de ganância. Além desses mandamentos fundamentais, a religião muçulmana, através das suas duas grandes fontes — o Alcorão e o Hadith —, tem muitas outras prescrições legais, também destinadas a regular os desejos e a manter a coesão da comunidade — particularmente aquelas que condenam a sexualidade fora do casamento e o adultério.

UTILIDADE E LIMITES DA LEI RELIGIOSA

Fundada em uma norma externa (Deus ou uma força superior), na maioria das vezes a lei religiosa visa, portanto, regular os desejos humanos desregrados, estabelecendo limites e proibições. A lei civil se inspirou em grande parte nela: em quase todo o mundo, a lei condena o assassinato, o roubo, o incesto, o estupro e até o adultério como forma de regular os desejos humanos, sem limites, para assim possibilitar a vida em comum e reduzir a violência, que é ligada sobretudo a desejos de cobiça e de dominação. Mas a lei civil pretende impor essas leis sem nenhuma referência religiosa, a fim de permitir que indivíduos que não compartilham as mesmas crenças possam viver juntos. Esse foi o grande desafio do nascimento da política moderna na Europa. Os filósofos do Iluminismo se preocuparam com a questão do fundamento da moral e da lei: se elas não se baseiam mais nas religiões, que divergem entre si, então é preciso separar o campo religioso do campo político e passar a fundamentá-las na razão, que é universal. É isso que Espinosa, Thomas Hobbes e John Locke propõem desde o século XVII, e mais tarde Voltaire, Jean-Jacques Rousseau e, sobretudo, Immanuel Kant no século XVIII.

Se as religiões visam moderar o orgulho, o desejo de dominação, a cobiça e todas as violências que os acompanham, também têm provocado, em sua maioria, outras violências com a pretensão de serem donas da verdade única e quererem impor suas crenças e normas a todos. Essa intolerância constitui um dos grandes limites das religiões e foi o que levou os europeus a se afastarem delas para criar uma organização política baseada na separação entre o poder político e o poder religioso. Outro limite: a lei religiosa se concentra muito no desejo sexual. Todas as grandes religiões estabelecem um conjunto de prescrições e proibições em relação ao amor, ao casamento e à sexualidade. Embora às vezes variem consideravelmente, essas regras existem para lembrar a função primária da sexualidade: a reprodução no âmbito do casamento heterossexual, o que resulta na condenação quase unânime da homossexualidade e das relações sexuais fora do casamento, tornando as religiões cada vez mais defasadas no que se refere à evolução dos costumes no mundo contemporâneo. A maioria dos fiéis já não segue abertamente essas regras, e muitos fingem segui-las para não serem discriminados na comunidade.

Devemos deduzir então que a lei religiosa é inútil e mortífera? Freud estava convencido de que o controle dos desejos e das pulsões era a marca da civilização, e que a lei religiosa poderia contribuir para isso — em especial com a proibição do incesto. Também mostrou que a lei moral (muitas vezes inspirada na religião) é necessária para uma construção saudável do psiquismo humano. Mas a censura produzida por um rigor moral excessivamente severo também causa muitos danos psicológicos e é a principal fonte das neuroses. Em vez do recalque e da censura psíquica, Freud prefere a sublimação, isto é, levar em conta os desejos, tomar consciência deles e superá-los, quando necessário, para que haja um comportamento social e moral respeitoso em relação aos outros. Reencontramos aqui a sabedoria aristotélica ou epicurista da regulação dos desejos pela razão, visando à felicidade individual e à busca do bem comum. Assim, muitos dos nossos contemporâneos que se emanciparam globalmente da lei religiosa acabam voltando à sabedoria antiga ou se inspirando também em certas práticas religiosas tradicionais — como o jejum, a partilha ou a peregrinação — num contexto laico, para regular melhor os desejos e aceder a uma existência mais sóbria e feliz.

4. Rumo à sobriedade feliz

A sobriedade é um fator de felicidade, porque é libertadora.
Se sempre quero mais, quando estarei satisfeito?
Pierre Rabhi (século XX)

Embora ainda sejam minoria, um número cada vez maior de pessoas, especialmente entre os jovens, tem procurado se afastar da lógica do "mais e mais" imposta pelo nosso corpo estriado e sustentada pela sociedade de consumo. Alguns fazem isso mantendo uma prática religiosa estrita (que podem buscar após uma conversão), mas a maioria procura limitar ou regular os desejos numa perspectiva secular, por meio de escolhas de vida mais sóbrias, um desejo de alívio e de compartilhamento ou, ainda, um domínio maior do corpo e do espírito.

TENTATIVAS CONTEMPORÂNEAS DE CONTROLAR O CORPO E A MENTE

Já vimos que os primeiros reforçadores primários do nosso

corpo estriado são a busca por comida e por sexualidade, e já mencionamos o fato de que paulatinamente os jovens estão tendo cada vez menos relações sexuais. Sempre houve, é claro, uma abstinência forçada, causada por falta de autoconfiança, por um grande isolamento geográfico, por normas sociais ou religiosas estritas, por condições familiares específicas etc. Mas o atual fenômeno, muito estendido, de abstinência sexual entre jovens de quinze a 24 anos não tem nada a ver com isso. A maioria deles tem uma vida social normal, interage intensamente em redes sociais e tem acesso muito fácil a sites ou aplicativos de relacionamentos. As pesquisas, como aquela do *Le Monde* que citei antes,[1] revelam que na maioria das vezes se trata de uma escolha deliberada de não ter relações sexuais. Nos Estados Unidos esse fenômeno muitas vezes é causado por motivos religiosos, sobretudo entre jovens cristãos que desejam reafirmar a noção de castidade voluntária. Não podemos esquecer que quase todas as religiões condenam a sexualidade fora do casamento e às vezes até impõem períodos de abstinência aos cônjuges, especialmente durante a menstruação da mulher, para fortalecer a vontade e aprender a resistir aos impulsos sexuais. Mas isso tem pouco efeito sobre os jovens europeus, que vivem num mundo bem mais secularizado. Os psicanalistas explicam, com base em Freud, que o fim das proibições diminui o desejo sexual, que precisa de fantasias para se desenvolver. Os sociólogos também destacam a forte presença do virtual: diante de tantas trocas virtuais pelas redes sociais, alguns adolescentes e adultos jovens têm medo do contato físico, e a pandemia de covid obviamente não ajudou muito em relação a isso. Lembro-me de um filme que mostra perfeitamente como esse fenômeno se manifesta desde o início do surgimento das ferramentas digitais e da internet: *Denise está chamando* (1995), de Hal Salwen. Esse filme pinta o retrato de jovens solteiros nova-iorquinos que se comunicam o tempo todo por telefone, fax ou computador, desde a hora em que vão ao banheiro quando acordam até a hora de dormir, pensando na pessoa eleita pelo coração... mas eles nunca conseguem se encontrar de verdade, pessoalmente! É uma premonição do que vivem hoje em dia muitos jovens, viciados em redes sociais, que desenvolvem uma espécie de fobia ao contato físico e se sentem seguros com a distância proporcionada pelo virtual. Todas essas razões são válidas, sem dúvida, mas não são as que os próprios jovens alegam quando lhes perguntamos. Como já mencionei de forma breve, as razões invocadas giram em torno de dois eixos principais: escapar da exigência de desempenho e escapar da exigência do consumo de corpos. Muitos jovens dizem que querem dar um tempo na relação, aprender a conhecer o outro, deixar o desejo crescer. Eles redescobrem quase instintivamente o que as gerações anteriores já viveram, quando esse tempo de conhecer e descobrir o outro era imposto pelas normas coletivas, em particular pela prática do noivado, que é um tempo de abstinência antes do casamento. Não ter relações sexuais nos primeiros encontros faz aumentar o desejo, mas um desejo que não é só físico, que é mais global, ligado a uma dimensão afetiva, de cumplicidade, de ternura compartilhada. Essa prática também permite superar os medos: medo de ser julgado, de ser forçado a fazer algo, de ter que transmitir segurança. O tempo cria um clima de confiança que é necessário para o desenvolvimento da relação sexual.

Essa noção de que a expectativa faz aumentar o desejo, aliás, é válida em todas as áreas. Eu organizo oficinas de filosofia com crianças de escolas de ensino fundamental há mais de oito anos. Lembro-me de uma oficina com crianças de seis a sete anos que tratava da questão da felicidade. Uma criança comentou que, quando sua mãe lhe comprava na hora um brinquedo que viu numa loja, não ficava tão feliz quanto se tivesse esperado mais tempo por ele. Quase todos os outros alunos exageraram: "É, se você quer um brinquedo e não consegue na hora, fica muito mais feliz quando ganha depois!"; "É bom imaginar que vou ter esse brinquedo, depois aproveito ele ainda mais" etc. Em resumo, mesmo querendo compulsivamente ter o objeto do seu desejo, a maior parte das crianças sentia que adiar a satisfação a tornava ainda mais intensa.

Também podemos constatar, dessa vez sobretudo entre os adultos, um desejo de comer melhor e, sobretudo, de controlar a necessidade de comer de forma constante e compulsiva. Quase todas as religiões impõem períodos de jejum para educar o ser humano a controlar seu impulso de fome: o Yom Kippur entre os judeus, a Quaresma cristã, o jejum do Ramadã entre os muçulmanos, numerosos jejuns no hinduísmo etc. Atualmente, os ocidentais estão redescobrindo cada vez mais as virtudes do jejum encarado de um ponto de vista laico. Existem dezenas de centros na França, como o La Pensée Sauvage, que organizam e supervisionam períodos mais ou menos longos de jejum total ou hídrico (as pessoas continuam a beber água e às vezes sucos de fruta ou vegetais). As virtudes médicas de um jejum regular são conhecidas desde a Antiguidade. E os antigos também descobriram que o jejum tem a virtude de aclarar a mente. É por essa razão que Pitágoras e Sócrates o praticavam e recomendavam aos discípulos. Todo ano faço um jejum de uma semana, e posso confirmar tudo isso. Após o desmame dos primeiros dois dias sem alimentos — durante os quais pode-se sentir dor de cabeça e é preciso resistir ao impulso da fome —, a pessoa se sente mais leve na mente e no corpo. As ideias ficam mais claras, as intuições, mais frequentes.

O jejum ainda permite que você desenvolva uma liberdade interior, aprendendo a controlar seus impulsos. Mahatma Gandhi considerava a prática do jejum um pré-requisito necessário para dominar a sexualidade: não podemos manter a sexualidade sob controle se formos incapazes de conter e dominar a fome e o órgão do paladar. A ideia fundamental, aqui, é aprender a combater a tirania do nosso cérebro primário.

Também vimos nos últimos anos o desenvolvimento de outro tipo de jejum: o desmame de informações, sobretudo em relação à internet. Em todo o mundo, surgem centros dedicados a esse tipo de abstinência, para ajudar os jovens urbanos viciados em celulares e computadores a "desligar-se" por determinado período. De modo geral, cada vez mais pessoas — e eu também entre elas — limitam o tempo que dedicam a obter informação, seja através dos meios tradicionais ou pela internet. Decidi há uns dez anos que não dedicaria mais de vinte minutos por dia a acompanhar as notícias, o que não me impede de ler artigos aprofundados sobre determinado assunto ou ver documentários. Descobri que ser inundado diariamente de informações me dava ansiedade, causava dependência e me fazia desperdiçar tempo à toa. É também com esse objetivo de conectar e controlar melhor o corpo e a mente que, em todo o mundo, têm se desenvolvido há várias décadas técnicas orientais de controle da respiração como a ioga e a meditação.

GANHAR MENOS PARA VIVER MELHOR

Nosso cérebro primário também nos leva a buscar poder e reconhecimento social. O dinheiro satisfaz essas duas aspirações. O desejo de riqueza e de prestígio social foi, e para muita gente continua sendo, uma força motriz poderosa que condiciona a maioria das escolhas na vida. Mas também assistimos há algum tempo ao surgimento de um novo modelo: uma vida mais austera e simples, que permite atender aos desejos mais relacionados com o ser do que com o ter. Assim, os ocidentais, particularmente os jovens adultos, optam cada vez mais por ganhar menos dinheiro e abdicar do prestígio social para ter melhor qualidade de vida e dedicar seu tempo ao que mais os satisfaz: a família, a amizade, uma paixão artística, a ligação com a natureza e com os animais, as viagens, o trabalho intelectual e espiritual etc. Em suma, está surgindo uma nova palavra de ordem: ganhar menos para viver melhor. Na França, a figura de Pierre Rabhi, um dos pais da agroecologia, serve de modelo para muitos. Com sua escolha de uma vida modesta em Ardèche e em seus numerosos escritos e conferências, Rabhi defendia um modelo de vida fundamentado na "sobriedade feliz". Esse estilo de vida simples, baseado na moderação e na qualidade, tem o efeito positivo adicional de ser benéfico para o planeta. Falecido em 2021, Pierre Rabhi era uma espécie de Epicuro ecológico e, embora tenha despertado algumas polêmicas, criou ou inspirou muitos movimentos que propõem um novo modelo de sociedade, baseado na sobriedade, na partilha, na colaboração e no respeito pelos ecossistemas (como o Colibris, por exemplo, fundado por Cyril Dion, entre outros). A ideia fundamental é sempre limitar as próprias necessidades e os desejos a fim de viver com mais serenidade e harmonia com os outros e com o ambiente. Essa filosofia de vida inspira muitas iniciativas individuais e coletivas. Alguns não querem ser proprietários para não se endividar, ou querem ter mais tempo para poder viajar. Assim, muitos jovens se afastam do modelo dos pais e dos avós, cuja maior aspiração era comprar uma casa e ter um emprego com carteira assinada para pagar o financiamento.

Preferem, pelo contrário, não se envolver num trabalho fixo e dedicar-se às paixões. Em vez de segurança, preferem a liberdade, mesmo que alguns ainda dependam regularmente dos pais ou precisem dos benefícios da assistência social para manter esse modo de vida. De qualquer forma, são mais motivados por uma vida que se coaduna com os desejos mais profundos e de maior qualidade e não tanto pelo desejo de enriquecimento, de dominação ou de reconhecimento social. Esse fenômeno diz respeito tanto aos jovens sem qualificação, que já não querem mais bicos ou empregos temporários em que são explorados, como também aos jovens formados que preferem trabalhar meio expediente para dedicar a maior parte do tempo a atividades que amam — mesmo que isso signifique reduzir consideravelmente o padrão de vida. Uma jornalista da France Info, Margaux Queffelec, se interessou pelo assunto e entrevistou Benoît Serre, vice-presidente da Associação Nacional dos Defensores de Direitos Humanos. Para ele, escreve Queffelec, não há dúvida: a gestão do tempo de trabalho tornou-se exigência básica entre os jovens assalariados. Com uma pergunta que surge com muita frequência durante as entrevistas de emprego: "Você tem confiança suficiente em mim para deixar que eu me organize sozinho para produzir o que você quer que eu produza sem com isso perturbar meu equilíbrio de vida pessoal? Trata-se de algo extremamente novo".[2]

Segundo esse especialista, a covid acelerou o que era uma tendência. Quando uma empresa oferece um cargo, explica ele, deve ser capaz de responder de forma muito concreta a todas essas perguntas sobre a organização do tempo de trabalho, além de provar que esse emprego tem sentido, que não é só um salário. "Acho que se trata de uma geração que, antes de mais nada, definitivamente não está mais disposta a sacrificar a qualidade de vida, as condições de vida, a liberdade de vida." Nos Estados Unidos, desde o verão de 2021 também assistimos a um fenômeno maciço de pedidos de demissão que também reflete essa problemática. Esse *big quit* começa a ter repercussões em toda a economia norte-americana. Hoje em dia existem cerca de 11 milhões de vagas de emprego não preenchidas no país, o que também é algo inédito desde o início do milênio.

Como essa opção de vida implica redução da renda (ganhar menos), ela provoca a necessidade de compartilhamento em todos os domínios: compartilhar a habitação, os transportes, o local de trabalho, o vestuário e a alimentação, entre outras coisas.

RELAXAR E COMPARTILHAR

Vemos, assim, crescer entre os jovens a busca por uma vida mais sóbria e por uma economia colaborativa em todas as áreas fundamentais da existência. Está em plena expansão a economia colaborativa, que se baseia na partilha ou na troca de bens, serviços ou conhecimentos, mediante retribuição monetária (venda, aluguel, pagamento por prestação de serviços) ou sem retribuição monetária (por meio de doações, trocas, voluntariado), isso tudo promovido por plataformas on-line. De acordo com um relatório de 2017 do Senado francês, "a economia colaborativa, ou economia de plataformas on-line, não é apenas uma moda passageira, e sim uma tendência fundamental. Na Europa, em 2016, ela representou 28 bilhões de euros em transações, valor que dobrou em um ano. Em 2025, pode chegar a 572 bilhões de euros".

Há uma busca por residências simples e baratas: *tiny houses*, cabanas, caminhões adaptados. As fórmulas para moradia compartilhada estão se desenvolvendo de várias maneiras: alojamentos divididos (em geral por estudantes) e habitação partilhada ou ecovilas, com espaços e serviços (lavanderia, hortas, aquecimento e eletricidade etc.) comuns. Também há um compartilhamento de moradias baseado na solidariedade. Sou apoiador há mais de dez anos da Le Pari Solidaire (fundada por Aude Messéan), associação de coabitação intergeracional que reúne jovens de poucos recursos e pessoas idosas. Os idosos hospedam os jovens por uma quantia módica em troca de um pouco de companhia ou de alguns serviços. Todos ganham, e tudo isso cria laços intergeracionais enriquecedores. Há associações semelhantes entre pessoas saudáveis e pessoas com deficiência.

Os jovens da minha geração só tinham uma ideia em mente depois de concluir o ensino médio: ter um carro! Hoje não é mais assim. Tanto por razões econômicas quanto ecológicas, os jovens privilegiam cada vez mais o transporte público e a carona solidária, que além do mais tem a vantagem de propiciar encontros e vínculos sociais. O campo da alimentação também é afetado por esse fenômeno (existem hortas comunitárias e grupos como as Comunidades que Sustentam a Agricultura, CSAs, que aproximam clientes e produtores locais), assim como o setor do vestuário, com o desenvolvimento das vendas de segunda mão (como comprova o sucesso da Vinted, um site de roupas usadas). A vida profissional também entra nessa lista: há uma busca por espaços de coworking, que são menos dispendiosos e estimulam o compartilhamento, mas os jovens também ambicionam, cada vez mais, trabalhar em pequenas estruturas mais humanas (como as start-ups), sem hierarquia piramidal mas com objetivos sociais e ambientais. Há alguns anos, os alunos da Escola de Altos Estudos Comerciais de Paris (HEC Paris) exigiram, antes de entrar em grandes empresas, que elas revelassem claramente o impacto da sua atividade no meio ambiente. Também pediram, recentemente, uma revisão do currículo dessa famosa escola de negócios para que as questões ecológicas fossem incluídas — e a pressão dos estudantes foi tanta que a direção anunciou a inclusão de disciplinas ambientais em todos os cursos a partir do início do ano letivo de 2023. E esse fenômeno, evidentemente, é parecido nos países anglo-saxões. Mesmo nas *business schools*, o argumento financeiro e a ambição social já não são suficientes: os jovens estão exigindo sensibilidade e respeito pelo planeta.

Portanto, não estamos assistindo apenas a uma tentativa de regular os desejos primários, e sim, mais profundamente, a uma reorientação dos desejos em função de valores diferentes daqueles que dominaram as sociedades ocidentais por várias décadas. Todo um modelo de sociedade passou a ser questionado pelas gerações mais jovens. Embora ainda seja minoritário, não é impossível que a curto ou médio prazo esse movimento transforme nosso estilo de vida e nossa economia. Essa determinação de ficar com o essencial, de preferir qualidade a quantidade, de limitar nossos desejos primários — favorecendo, assim, os desejos que permitam a realização no campo do ser e o respeito aos outros e pelo planeta — nos mostra que o desejo-falta de Platão não é o único motor da nossa existência. Existe também outra forma de desejo, que não é fruto da falta nem impulsionado pelo cérebro primário: o desejo de crescer, de realizar-se, de ser você mesmo, de obter mais alegria do que prazer. É desse desejo-potência que vamos falar agora, com Espinosa, Nietzsche, Jung e Bergson.

Terceira Parte

Viver com intensidade

1. Espinosa e o desejo como potência

> *O desejo é a essência do homem.*
> Baruch Espinosa (século XVII)

Como já mencionamos, Aristóteles, ao contrário de Platão, não considera o desejo apenas como falta, mas também, e sobretudo, como a força que nos põe em movimento, inclusive no plano intelectual. Essa inversão do conceito de desejo esboçada por Aristóteles é ainda mais clara na obra de Baruch Espinosa, que viveu no século XVII.

UM DESEJO DE VERDADE MAIS FORTE QUE QUALQUER OUTRA COISA

A vida de Espinosa é um romance. Seus ancestrais fugiram de Portugal para escapar das perseguições cristãs. Criado na mais pura tradição do judaísmo, no seio da comunidade judaica de Amsterdam, aos quinze anos ele já sabe de cor a Bíblia hebraica, mas começa a apontar todas as contradições do texto bíblico. Seu espírito racional e crítico incomoda tanto a comunidade que aos 23 anos ele acaba sendo expulso da sinagoga. O *herem*, o ato de excomunhão, do qual conservamos alguns vestígios, é de uma violência rara: o jovem Baruch foi banido da comunidade, amaldiçoado por toda a vida, e todos os judeus foram proibidos de conviver com ele. Assim, ele acaba obrigado a deixar sua família e pouco tempo depois escapa de uma tentativa de assassinato. Espinosa deve a salvação do seu corpo à espessura do couro do casaco que estava usando, que reteve a lâmina da faca, e a salvação da sua alma, como ele nos diz, à filosofia, que descobriu graças aos protestantes liberais que difundiram em Amsterdam o pensamento de René Descartes e dos filósofos gregos. Tendo se tornado um humilde polidor de lentes para ganhar a vida, dedica o resto do tempo a estudar e desenvolver o próprio sistema de pensamento, centrado em três eixos. A filosofia política: Espinosa é o primeiro pensador do Iluminismo e defende a separação entre política e religião, assim como a criação de um estado de direito que garantisse a todos os cidadãos a liberdade de consciência e de expressão... e por isso é perseguido, dessa vez pelo poder político. A metafísica: o filósofo afirma que Deus/matéria/espírito são, ao mesmo tempo, a substância de tudo o que existe, e os identifica com a natureza... e por isso é acusado de ateísmo. A ética, por fim, que revoluciona completamente o pensamento moral que predominava desde os gregos, ao colocar o desejo e a potência vital no centro da ação humana... e por isso foi acusado de libertinagem. Para Espinosa, a verdade estava acima de tudo, e pagou caro por isso. Mas os seus primeiros biógrafos, embora hostis às ideias do filósofo, dizem que os relatos de todas as testemunhas que o conheceram confirmam que era uma pessoa alegre e atenta aos outros, em perfeita coerência com as suas ideias.

AUMENTAR A ALEGRIA E DIMINUIR A TRISTEZA

Todo o pensamento ético de Espinosa repousa sobre a observação do *conatus*, o "esforço" que fazemos para crescer e persistir em nosso ser. Tal como os antigos, ele também chama de "apetite" esse *conatus*, o motor da existência que nos incita a sobreviver e a aumentar a potência de existir. E ainda especifica que "o desejo é o apetite juntamente com a consciência que dele se tem" e que "o desejo é a própria essência do homem".[1] Em poucas linhas, Espinosa define o desejo como o apetite consciente que nos impele a perseverar em nosso ser e a aumentar permanentemente nossa potência vital. E como esse apetite é a própria essência do homem, não deve haver nenhuma tentativa de diminuí-lo ou suprimi-lo, como defendem as correntes ascéticas. Sem essa força do desejo, não somos mais humanos. Um ser humano que não tem mais nenhum desejo é um morto-vivo. O homem é, fundamentalmente, um ser desejante, e é apenas graças ao desejo que podemos desfrutar a vida com plenitude. Espinosa, portanto, não faz julgamento moral sobre o assunto: como bom observador da natureza humana, ele constata, a partir de Aristóteles, o lugar central que o desejo ocupa em nossa vida. Em si, o desejo não é bom nem mau. É uma força que deve ser cultivada para nos sentirmos cada vez mais vivos, aumentar nosso poder de ação e crescer em meio à alegria. E aqui chegamos ao segundo ponto fundamental da filosofia ética de Espinosa, que define a alegria como "uma paixão pela qual a mente passa a uma perfeição maior", e a tristeza, inversamente, como "uma paixão pela qual a mente passa a uma perfeição menor".[2] Assim, alegria e tristeza são os dois sentimentos fundamentais que acompanham o aumento ou a diminuição de nossa potência vital. Cada vez que reduzimos o nosso poder de ser e de agir, sentimos tristeza; cada vez que o aumentamos, sentimos alegria. E toda a filosofia ética de Espinosa nos ensina a crescer constantemente em nossa alegria, até chegarmos a uma alegria permanente, que nada nem ninguém poderá tirar de nós, e que ele chama de "beatitude".

CULTIVAR O DESEJO E DIRECIONÁ-LO BEM

Para crescer na alegria é preciso, então, cultivar o desejo, já que ele constitui o apetite que nos ajuda a aumentar nossa potência vital. Mas não de qualquer maneira! Pois se o desejo não é bom nem mau em si mesmo, se ele é uma força essencial para o crescimento, então pode nos levar tanto à tristeza como à alegria, tanto à felicidade como à infelicidade, dependendo das pessoas ou dos objetos aos quais o direcionamos. Se direcionarmos os nossos desejos para ideias, coisas, pessoas e alimentos que nos fazem bem, que se coadunam com a nossa natureza singular, o gozo dessas coisas e desses seres fará crescer a nossa potência vital e nos dará alegria. Mas se, pelo contrário, direcionarmos os nossos desejos a coisas ou seres que não se coadunam com o que somos, sua posse ou convivência mais cedo ou mais tarde nos levarão à tristeza, porque reduzirão a nossa potência de agir e a nossa potência vital. Digo "mais cedo ou mais tarde" porque o efeito desse descompasso nem sempre é perceptível de imediato. A princípio podemos até sentir alegria, mas com o passar do tempo essa alegria vai se transformando em tristeza. Espinosa chama esse tipo de "falsa alegria" de "alegria passiva", para distingui-la da verdadeira alegria duradoura, que ele chama de "alegria ativa". A alegria passiva é uma paixão que vivenciamos, enquanto a alegria ativa é uma ação que nos faz crescer e amplia nossa potência de ser e de agir. O amor nos oferece um excelente exemplo. Se eu dirigir meu desejo a uma pessoa que não se coaduna bem com o que sou, decerto terei uma alegria intensa no início do relacionamento, mas, uma vez dissipada a ilusão, essa alegria se transformará em tristeza e até mesmo pode transformar o amor em ódio, como nos diz Espinosa. Mas se às·vezes — e até com frequência! — dirigimos o nosso desejo a pessoas que não nos convêm, isso acontece porque nossas ideias estão erradas ou nossa imaginação está nos pregando peças, explica Espinosa. Isso porque nossos desejos sempre são acompanhados de ideias, e essas ideias podem ser verdadeiras ou falsas, adequadas ou inadequadas. Freud mostrará, alguns séculos depois de Espinosa, que não raro projetamos inconscientemente no outro as nossas expectativas infantis não resolvidas, ou a imagem de um progenitor que pode ter nos maltratado, e sem saber reproduzimos um roteiro neurótico em nossa vida. É exatamente disso que fala o filósofo quando evoca "uma alegria ligada à ideia de uma causa externa". A alegria está ligada à *ideia* que temos da pessoa, mais que à própria pessoa, que afinal não conhecemos de verdade: mas essa ideia pode ser adequada ou inadequada. Se for verdadeira, então a alegria será ativa e o amor será profundo, duradouro e alegre. Continuaremos desejando desfrutar da presença da pessoa amada pelo maior tempo possível, e esse prazer aumentará a nossa potência vital e, portanto, a nossa alegria. Inversamente, se a ideia for inadequada, a alegria será passiva, não vai durar, porque idealizamos a pessoa, projetamos nela muitas coisas que ela não é, pois na verdade a imaginamos mais do que a conhecemos. Essa alegria passiva se transforma, assim, em tristeza porque o relacionamento acaba ficando tóxico, desajustado, decepcionante ou tedioso. Descobrimos então que o outro não nos faz crescer, e que, pelo contrário, nos diminui, e que a nossa potência vital se altera devido a essa relação. Ficamos divididos entre os sentimentos de tristeza, de raiva ou de indiferença e nojo.

É tipicamente fruto do amor *eros*, relacionado à falta e ao tédio, quando as ilusões se dissipam.

Portanto, Espinosa resolve a questão do desejo de maneira muito pertinente: ele é essencial, deve ser cultivado, mas também deve ser direcionado pela razão. Isso porque os nossos desejos, para nos guiarem em direção a objetos ou pessoas que se coadunam bem com a nossa natureza, devem ser submetidos ao discernimento da nossa razão e eventualmente da nossa intuição. É por meio da observação minuciosa de nós mesmos ("Conhece-te a ti mesmo", como dizia Sócrates!), da introspecção e da nossa experiência de vida que podemos desenvolver ideias cada vez mais adequadas, que nos ajudarão a direcionar corretamente os nossos desejos. Direcioná-los de modo lúcido a objetos, ideias e pessoas que se coadunam conosco e cuja presença nos dá alegria. A partir de então, saímos do desejo-falta de Platão e acedemos ao desejo-potência e ao desejo-alegria de Espinosa. E nossa felicidade consiste em continuar desejando o que já temos, porque é algo que nos convém e aumenta a nossa potência vital.

O DESEJO É O ÚNICO MOTOR DA MUDANÇA

Acrescento aqui um elemento capital do pensamento espinosano, que contraria tudo o que concebemos habitualmente e mostra toda a importância que o filósofo dá ao desejo. Diante da questão das compulsões a hábitos que nos fazem infelizes (como álcool, drogas, jogos e sexo, entre outros), em geral pensamos, conforme os filósofos estoicos, que nossa vontade é a chave da libertação. "Querer é poder", como diz o ditado popular. Ou então, seguindo os filósofos epicuristas, estamos convencidos de que a razão e o discernimento nos darão a lucidez que nos ajudará a abandonar o vício. Espinosa combate essas duas perspectivas. Ele afirma, como já falei a respeito dos jovens viciados em redes sociais, que nem a vontade nem a razão podem superar sozinhas um vício profundo ou o apego a um objeto que nos entristece, porque ambas são faculdades da mente — e as faculdades da mente não podem, sozinhas, combater o poder dos afetos. Para isso, precisamos mobilizar o desejo, que envolve a totalidade do nosso ser, a começar pelos sentimentos e pelas emoções. Espinosa enuncia então esta verdade capital: "Um afeto não pode ser refreado nem anulado senão por um afeto contrário e mais forte do que o afeto a ser refreado".[3] Não é possível eliminar um vício, ou um ódio, uma mágoa ou um pavor com argumentos, mas sim despertando um novo desejo que envolva um afeto positivo poderoso, como o amor ou a alegria. Assim, o papel da razão consiste em descobrir, em "fazer surgir", um novo desejo ligado a um afeto positivo e à vontade de buscá-lo. Mas o motor da mudança são o desejo e o afeto que ele mobiliza. Estamos no extremo oposto da moralidade tradicional, que contrapõe os afetos à razão e à vontade, cuja missão seria justamente domesticar os afetos. Aqui, a gestão do desejo, sua emergência e seu redirecionamento tornam-se a chave da ética e da felicidade. Espinosa substitui assim a dualidade entre mente e corpo ou razão e afetos pela dualidade entre atividade e passividade. A passividade é um estado em que somos movidos por causas externas e ideias inadequadas. Ela gera tristezas e alegrias passivas. Já a ação é um estado em que agimos a partir da nossa própria natureza e de ideias adequadas, produzindo alegria ativa. A questão é, então, transformar nossas paixões tristes em ações alegres. Dessa maneira, em lugar de nos sujeitarmos aos afetos, nós os constituímos, direcionando conscientemente os nossos desejos para coisas ou pessoas que nos fazem crescer e nos dão alegria.

* * *

Herdeiro distante de Aristóteles e Epicuro, Espinosa nos oferece, portanto, uma compreensão do desejo completamente diferente da platônica, além de virar as costas para as grandes correntes ascéticas, sejam elas religiosas ou filosóficas, que defendem, paradoxalmente, conviver com o *mal* para alcançar o *bem*, sofrer para não sofrer mais. Em vez de nos propor combater as alegrias passageiras ou os prazeres artificiais, em vez de reduzir o nosso poder vital desejante e aumentar a tristeza, Espinosa nos sugere aumentar a alegria e o amor, o nosso poder de ação e de criação. Em vez de nos exaurir perseguindo maus desejos, vamos nos concentrar nos desejos que aumentam a nossa alegria, porque a melhor maneira de mudar é desejar o que nos preenche. Por isso, Espinosa escreve no final da *Ética* esta poderosa frase que contraria tudo o que aprendemos em 2500 anos de moralidade ascética: "A beatitude não é o prêmio da virtude, mas a própria virtude; e não a desfrutamos porque refreamos os apetites lúbricos, mas, em vez disso, podemos refrear os apetites lúbricos porque a desfrutamos".[4]

2. Nietzsche e "o grande desejo"

Ai de nós! Aproxima-se o tempo em que o homem já não
lança a flecha de seu anseio por cima do homem,
e em que a corda do seu arco desaprendeu de vibrar!
Friedrich Nietzsche (século XIX)

Espinosa nos convida, então, a aumentar a nossa potência vital, em vez de limitá-la ou reduzi-la, aumentando também a alegria que a acompanha. Convida-nos ao banquete do desejo, pois o desejo é o verdadeiro motor de nossa vida, nosso poder de ação, nosso impulso criativo. Dois outros grandes filósofos se inspiraram nessa ética espinosana do desejo e da alegria: Friedrich Nietzsche e Henri Bergson.

DIMINUIR O DESEJO É DIMINUIR A VIDA

"Eu estou muito surpreso e encantado! Tenho um precursor, e que precursor!", escreveu Friedrich Nietzsche em 30 de julho de

1881. Na época com 36 anos, ele havia renunciado pouco antes, por motivos de saúde, ao cargo de professor de filologia na Universidade de Basileia, para se dedicar à filosofia e à escrita. Tinha acabado de ler a *Ética* de Espinosa, e essa leitura lhe inspirou as grandes intuições de sua obra futura: de *A gaia ciência* (1882) a *Ecce homo* (1888), passando por *A genealogia da moral* (1887) e *Assim falou Zaratustra* (1885). A escrita de Nietzsche é diametralmente oposta à de Espinosa. Este construiu sua *Ética* como um sistema lógico e coerente que tende à perfeição geométrica, com definições, axiomas, proposições, demonstrações etc. Já Nietzsche pretende "fazer filosofia a golpes de martelo" e para isso recorre a fragmentos e aforismos, e não tanto a longas demonstrações lógicas. Adota também um tom provocador para "despertar" os contemporâneos e, por isso, não faltam em sua obra contradições e paradoxos. A questão do desejo não escapa a esses paradoxos — que, como veremos, não são intransponíveis, mas podem desestabilizar mais de um leitor.

Nietzsche toma emprestado de Espinosa o tema central do seu pensamento ético: o *conatus*, a força desejante do ser humano que o impulsiona a crescer, a prosperar, a dominar, a agir, batizando-a de "vontade de potência". É por isso que ataca violentamente todas as filosofias ou religiões ascéticas que pretendem reduzir ou erradicar o desejo. Diminuir o desejo é diminuir a vida. É negar a vontade de potência que caracteriza a vida e o impulso criativo que a acompanha. "Já não admiramos dentistas que extraem os dentes para que eles não doam mais", escreveu em *Crepúsculo dos ídolos*, antes de direcionar sua crítica ao cristianismo:

A Igreja combate a paixão com a extirpação em todo sentido: sua prática, sua "cura" é o castracionismo. Ela jamais pergunta: "Como espiritualizar, embelezar, divinizar um desejo?" — em todas as épo-

cas, ao disciplinar, ela pôs a ênfase na erradicação (da sensualidade, do orgulho, da avidez de domínio, da cupidez, da ânsia de vingança).
— Mas atacar as paixões pela raiz significa atacar a vida pela raiz: a prática da Igreja é hostil à vida...[1]

Em outro momento Nietzsche também ataca o budismo, embora com menos veemência, pelos mesmos motivos (a vontade que se dirige contra a vida), e se preocupa com o extravio da cultura europeia "em direção a um novo budismo! Rumo a um budismo europeu! Rumo ao niilismo!".[2]

Essa crítica radical às tradições ascéticas que pretendem diminuir o desejo não significa que, para Nietzsche, é preciso nos entregar a qualquer desejo. Ele admite que impulsos, desejos e paixões podem nos degradar, de maneira que é conveniente, como escreveu, espiritualizá-los, embelezá-los, elevá-los por meio da razão e dos afetos mais nobres (amor, alegria, gratidão), de modo bastante semelhante ao que propõe Espinosa. Nietzsche defende, portanto, uma transmutação, uma alquimia do desejo.

OS DESEJOS ACANHADOS DO "ÚLTIMO HOMEM"

Nietzsche qualifica de "niilistas" todas as moralidades de negação do mundo e da vida, e identifica suas duas grandes formas: a das religiões que condenam este mundo em função de um "outro mundo", um lugar transcendente que não existe; e, depois, a das pessoas que querem viver protegidas mesmo sem saber resistir aos próprios impulsos, almejando segurança acima de tudo e reclamando da vida quando ela apresenta obstáculos ou provações. Para esses indivíduos "ressentidos", a meta suprema é a preservação da saúde: eles sobrevivem, mais do que vivem. Preferem os pequenos prazeres às grandes alegrias. Ocultam a morte e limitam seus desejos para não correr nenhum risco e evitar qualquer sofrimento. Em sua obra-prima *Assim falou Zaratustra*, Nietzsche contrapõe a figura do "super-homem", que afirma plenamente sua vontade de poder, à do "último homem" (*der letzte Mensch*), que representa o estado passivo do niilismo, no qual o homem só deseja ter saúde, bem-estar e segurança, e regozija com a própria falta de ambição. Quando vê que as multidões não querem ouvir falar do super-homem, Zaratustra mostra a todos a figura desprezível do último homem, que é ao que aspiram:

> É tempo de o homem fixar sua meta. É tempo de o homem plantar o germe de sua mais alta esperança.
>
> Seu solo ainda é rico o bastante para isso. Mas um dia este solo será pobre e manso, e nenhuma árvore alta poderá nele crescer.
>
> Ai de nós! Aproxima-se o tempo em que o homem já não lança a flecha de seu anseio por cima do homem, e em que a corda do seu arco desaprendeu de vibrar!
>
> Eu vos digo: é preciso ter ainda caos dentro de si, para poder dar à luz uma estrela dançante. Eu vos digo: tendes ainda caos dentro de vós.
>
> Ai de nós! Aproxima-se o tempo em que o homem já não dará à luz nenhuma estrela. Ai de nós! Aproxima-se o tempo do homem mais desprezível, que já não sabe desprezar a si mesmo.
>
> Vede! Eu vos mostro *o último homem*.

E a multidão lhe respondeu: "torna-nos como esse último homem! E nós te presenteamos o super-homem!".[3]

O último homem é o homem do ressentimento e da negação da vida (já que só quer conservar o agradável e o confortável). Ele não sabe criar, nem amar, nem desejar, mas nem sempre tem consciência disso, pois acredita que ama a vida, já que venera a saúde e sabe dosar os pequenos auxiliares do prazer que são a nutrição e a sexualidade: "Têm seu pequeno prazer durante o dia e seu pequeno prazer da noite: mas respeitam a saúde".[4] Esse homem de mente estreita, que desistiu de buscar alguma superação e não admite nenhum sofrimento infligido pela vida, é tipicamente o homem ocidental moderno, que suplantou o outro homem do ressentimento, que era o homem religioso. O niilismo religioso, que recusava o mundo, o desejo e a vida em nome de outro mundo, é sucedido por uma nova forma de niilismo, que dessa vez recusa a vida e o grande desejo em nome da saúde e da segurança.

"O GRANDE DESEJO" DO SUPER-HOMEM

O super-homem de Nietzsche representa, ao contrário, o homem que assume plenamente a vida e não busca a todo custo fugir da morte. Tem total comprometimento com a afirmação e diz um "grande sim sagrado" à vida, porque a ama como ela é e não como gostaria que fosse. Nietzsche nos convida, assim, tanto a afirmar nossa vontade de potência, a desejar plenamente, a superar-nos e desenvolver a nossa criatividade, como também a afirmar o mundo e a vida. Por isso escolheu como lema uma fórmula tipicamente estoica: *Amor fati* ("Amar o destino"). Tal como os estoicos, não se trata mais de combater os acontecimentos que o destino nos apresenta, aqueles que não dependem de nós e que não podemos mudar, e sim de querê-los. E não apenas de querê-los nesta vida, mas de querê-los inúmeras vezes, imaginando a possibilidade de seu "eterno retorno".[5] É nesse sentido que Nietzsche afirma em seu último livro, *Ecce homo*: "Nunca tive qualquer desejo". Com isso o filósofo quer dizer que em sua vida não fez esforço algum para contrariar o próprio destino. Ele soube aceitar como necessários e desejáveis todos os acontecimentos do destino, a começar pela saúde precária. Também soube controlar os impulsos e as paixões. Mas, ao mesmo tempo, Nietzsche, que gosta de cultivar paradoxos, também afirma que é preciso desejar plenamente. Em *Assim falou Zaratustra*, escreve: "Há em mim algo insaciado, insaciável, que deseja se pronunciar [...]. É noite: como uma nascente agora irrompe meu anseio — falar é meu anseio".[6] Por um lado, trata-se de dizer sim à vida, a toda a vida, mas, por outro, é preciso superar "o grande cansaço" do niilismo que renunciou ao "grande desejo" — o desejo da autossuperação constante (*Selbstüberwindung*), do impulso criativo e da vontade de potência — que nos impele a afirmar, a crescer, a nos realizar. Pode-se dizer que, como os estoicos, Nietzsche condena o desejo-falta de Platão e a busca exclusiva de prazer, mas também afirma, como Espinosa — e contradizendo os estoicos —, a necessidade do desejo como potência e como busca da alegria.

Em lugar do "desejo fraco", que é ao mesmo tempo uma aceitação dos nossos impulsos e a recusa da vida, ele defende um desejo forte que estimule o controle de nossos impulsos, o amor incondicional pela vida e a superação de si mesmo com um impulso criativo constante. Diante daqueles que já não desejam (isto é, que só desejam coisas fáceis e impulsivas); diante daqueles que já não amam (isto é, que só amam de forma insípida ou ilusória); diante daqueles que já não vivem (isto é, que preferem a sobrevivência à verdadeira vida), Nietzsche advoga "o grande desejo", o amor verdadeiro, uma vida plena, seja qual for o preço a pagar. "O homem só pode criar no amor, ou seja, numa fé incondicional na plenitude e na justiça",[7] escreveu. Trata-se, portanto, de ter fé em si mesmo e fé na vida que é concedida à "essência mais íntima do ser",[8] que é dom, criação, movimento de autossuperação constante. Como escreve Francis Guibal,

> toda a obra de Nietzsche nada mais é que um convite a seguir em frente, a liberar todo o potencial vital de cada um, a criar-se em uma relação inocente, não reativa, com as diferenças e a alteridade. A força e a intensidade do desejo nietzscheano liberam a alegria e o riso trágico que há em nós. Convocam a uma metamorfose sem fim, a uma aceitação apaixonada de todos os aspectos da realidade, na alegria e no sofrimento, o dia e a noite inseparáveis.[9]

ELOGIO DA EMBRIAGUEZ

Zaratustra é o profeta de uma nova cultura — feita de espontaneidade infantil, de criatividade, de adesão apaixonada ao movimento criativo da vida —, uma cultura cujo símbolo seria Dionísio, o deus da embriaguez e da dança. Para Nietzsche, a embriaguez é o pré-requisito de qualquer criação: "Para haver arte, para haver alguma atividade e contemplação estética, é indispensável uma precondição fisiológica: a *embriaguez*".[10] Não interessa a causa da nossa embriaguez, o que importa é viver a experiência de um estado alterado de consciência que nos dá uma sensação de mais força, de plenitude, de realização, a sensação de estarmos conectados ao Todo. É então que nos tornamos criadores, inspirados, transformadores de nós mesmos e do mundo. Baudelaire não diz nada diferente: "Você deve ficar sempre bêbado. Tudo está nisso: é a única questão [...]. Embriague-se; embriague-se o tempo todo! De vinho, de poesia ou de virtude, como preferir".[11]

3. Cultivar o elã vital e sentir-se totalmente vivo

*Viver não é apenas vegetar e preservar-se,
é enfrentar os riscos e triunfar sobre eles.*
Jorge Canguilhem (século XX)

Nietzsche faz Zaratustra dizer: "E este segredo a própria vida me contou. 'Vê', disse ela, 'eu sou aquilo que sempre tem de superar a si mesmo [...]'".[1] Algumas décadas depois, o filósofo francês Henri Bergson publicou um livro importante, *A evolução criadora* (1907), no qual prolonga o pensamento espinosano e nietzschiano à luz das ciências biológicas de seu tempo. Bergson está explicitamente alinhado com Espinosa quando escreve: "Um filósofo tem apenas duas filosofias, a sua própria e a de Espinosa". Mas também prolonga as intuições de Nietzsche sobre o poder criativo da vida, que tende constantemente a se superar.

BERGSON E O ELÃ VITAL

Bergson desenvolve a tese de que há "uma criação permanente de novidade" em ação na natureza. Ele coteja, e procura ultrapassar, as duas grandes explicações da evolução da vida. Por um lado, começando com Aristóteles e chegando até Gottfried Leibniz, a explicação finalista, que considera que a natureza tem um objetivo. Ela é movida, portanto, por uma causa final. Por outro lado, a ciência moderna oferece, a partir de Descartes, uma explicação mecanicista da evolução: o conjunto de parâmetros iniciais se expande mecanicamente, sem perseguir um fim específico (causa eficiente). Bergson pretende mostrar que ambas as teses são errôneas, pois sustentam que tudo está dado desde o começo: seja por meio de uma intenção inicial, seja por meio dos dados materiais iniciais, a partir dos quais se poderia deduzir o que ainda não aconteceu. Contra essas teses, Bergson propõe sua teoria do "elã vital", baseada em inúmeras observações biológicas que mostram que não há nenhum plano previsto ou futuro que se possa predizer com base nos dados iniciais, pois não se pode predizer a evolução da vida: ela se inventa constantemente num impulso criativo. Assim, o elã vital designa um movimento criativo permanente que acompanha a evolução da vida e dos seres. Ele permite não só que a vida supere os obstáculos que se apresentam, mas também que se desenvolva continuamente em direção a novas formas quando é atualizado de maneira precisa. Assim, o elã vital migra continuamente para prolongar o seu movimento, criando novidade. O surgimento da consciência humana, que torna possível a liberdade e a superação do instinto, constitui um passo decisivo desse impulso criativo, cujos pontos culminantes são a arte e o misticismo. Esse elã de vida se caracteriza por "um formidável impulso interior",[2] tanto no nível da espécie como no do indivíduo. Somos todos sustentados, atravessados, puxados pelo elã vital, que nos impele a progredir, a crescer, a nos adaptar, a evoluir, a criar e a nos inventar. O elã vital de Bergson está, portanto, alinhado com a força desejante de Aristóteles, com o desejo-potência de Espinosa e com a vontade de poder de Nietzsche. Mas Bergson enfatiza a dimensão histórica inscrita na evolução da vida e seu caráter eminentemente criativo. Também pretende mostrar que cada um de nós é chamado a se reconectar internamente com esse elã vital que anima o mundo, a se religar ao próprio movimento e ao poder criativo: "Um dos objetivos de *A evolução criativa* é mostrar que o Todo é da mesma natureza que o eu, e que pode ser captado com um aprofundamento cada vez mais completo em si mesmo".[3]

Bergson sugere algo que todos nós pudemos experimentar: a alegria profunda que sentimos quando estamos perfeitamente conectados com o mundo, a natureza, a vida. É como se estivéssemos no nosso devido lugar em uma orquestra, tocando a nossa partitura. Nós nos sentimos sintonizados com a sinfonia do mundo. Nosso eu está conectado com o Todo. Temos a sensação de manter uma relação mágica com a vida. O elã vital nos atravessa e nós o enriquecemos com seu toque pessoal, tornando-nos também criativos ou despertando a consciência num movimento de gratidão. Quais são as experiências universais que permitem nos conectar com esse elã vital e cultivá-lo?

DESENVOLVER A CRIATIVIDADE

A criatividade é, obviamente, a primeira experiência que me vem à mente. Por criatividade entendo não apenas a criação artística, mas também, de maneira mais ampla, o fato de ser criativo em todas as áreas: um empresário, um atleta, um cozinheiro, um artesão ou um intelectual podem mostrar sua criatividade. Futebolistas como Pelé, Maradona, Platini ou Zidane tinham desempenhos eminentemente inspirados e criativos. A maioria dos empreendedores bem-sucedidos, em qualquer campo, é inventiva, intuitiva e deve seu sucesso à novidade que conseguiu criar. Um artesão pode demonstrar criatividade, inventar técnicas ou modelos, moldar a matéria de forma original, assim como um intelectual pode inventar conceitos ou criar sínteses de conhecimento originais e esclarecedores. A arte, claro, é uma experiência eminentemente criativa, em relação tanto à obra original criada como à sua interpretação: um ator pode ser tão criativo quanto o autor de uma peça, assim como um músico pode ser tão criativo quanto um compositor. Por meio da criação, por meio da nossa criatividade, temos participação direta no poder criativo da vida.

Quando criamos nos sentimos plenamente vivos, pois a criatividade aumenta a nossa vitalidade. Como dizia Albert Camus, "criar é viver duas vezes".[4] O processo criativo exalta o perfume da vida, intensifica o elã vital e nos dá a sensação de estarmos vivos. Isso me parece evidente quando estou no meio de um trabalho de escrita e, de repente, me vejo inspirado por uma ideia nova, por um encontro alegre de palavras, ou quando consigo expressar um conceito complexo de maneira correta e clara. Sou tomado por grande alegria, e muitas vezes tenho a impressão de que essa inspiração, apesar de totalmente interna, veio de outro lugar, como se tivesse sido soprada em mim pelo Universo ou pela vida. As crianças, por meio das suas brincadeiras, expressam espontaneamente a própria criatividade; os métodos educacionais mais eficazes costumam estimular um aspecto lúdico que oferece a possibilidade de as crianças se sentirem criativas enquanto aprendem. Em seu livro *Les Lois naturelles de l'enfant* [As leis naturais da criança], Céline Alvarez, por exemplo, mostra que as crianças devem ser estimuladas a encontrar o próprio desejo de aprender. Um amigo, advogado tributarista, me conta que adora o seu trabalho porque lhe permite exercitar a criatividade; outra amiga, professora de primeiro grau, diz que não para de inovar em seus métodos pedagógicos com grande alegria. Muitas profissões deixam essa porta aberta para a expressão da criatividade. Claro que também existem profissões em que isso é muito mais difícil: um trabalho realizado por gestos repetitivos, por exemplo, ou certas tarefas administrativas desagradáveis. Por isso, para não cair na tristeza e na falta de elã vital, é necessário poder exercer a criatividade em outras atividades: na arte, na culinária, no esporte, no lazer, entre outras.

CONECTAR-SE COM A NATUREZA

Ainda criança, percebi uma coisa crucial: o contato com a natureza me regenera. Desde pequeno, eu ia para o grande jardim da minha casa quando estava triste ou infeliz, e lá passava meu tempo subindo nas árvores, brincando no riachinho que margeava a propriedade ou, simplesmente, deitado na grama olhando as nuvens. Em pouco tempo me sentia melhor, revigorado, mais feliz. Já adulto, escolhi viver a maior parte do meu tempo no campo, e sempre que vou cuidar da minha horta, passear na floresta ou tomar um banho de mar tenho uma sensação de bem-estar, de alegria, de regeneração do corpo e do espírito. O contato com os animais também me faz um bem enorme. O fato de morar no campo me permitiu ter cachorros e gatos, e essa companhia sempre me gratificou muito, até porque sempre adotei animais abandonados e eles mais tarde sempre me expressaram uma gratidão comovente. Quantas vezes, quando eu estava passando por algum momento difícil, como um luto ou uma separação, por exemplo, meus gatos vieram me consolar ronronando perto de mim, e também meus cachorros, com sua companhia amorosa e alegre, me ajudaram a superar essas dificuldades e a recuperar meu elã vital e minha alegria de viver.

Preciso da natureza para encontrar inspiração. Devo ter escrito uns cinquenta livros, mas nunca consegui redigir uma única linha na cidade! Quando escrevo, costumo dar um passeio para alimentar minhas ideias e adoro escrever diante de uma bela paisagem. Mesmo gostando muito de algumas metrópoles (como Paris, Nova York, Roma ou Amsterdam), quando passo algumas semanas seguidas em uma cidade eu me sinto cada vez mais vazio, preocupado, estressado. Enquanto a conexão com a natureza aumenta minha vitalidade e me deixa inspirado e criativo, morar na cidade me desvitaliza e me faz perder a inspiração. É claro que somos diferentes, e conheço escritores que, ao contrário de mim, só têm inspiração sentados em um café! Algumas pessoas que não conheceram o campo durante a infância podem até ficar perdidas e angustiadas quando se veem na natureza. Mas, de modo geral, o ser humano precisa desse vínculo essencial com a natureza para sentir-se seguro e em paz consigo mesmo, para regenerar-se, para se conectar com o elã vital. Não foi por acaso que, durante o primeiro confinamento de 2020, aqueles que por sorte tinham um jardim ou moravam na área rural viveram aquela situação de maneira muito melhor, nem foi à toa que depois tenha havido um boom imobiliário de casas próximas à natureza, porque as pessoas que foram obrigadas a se isolar em apartamentos, às vezes muito pequenos, sentiram necessidade de sair da cidade e se instalar no campo para ter espaços maiores.

O psiquiatra suíço Carl Gustav Jung já havia alertado, em meados da década de 1950, para o perigo psíquico representado por essa ruptura do homem ocidental moderno com a natureza: "Pedras, plantas e animais já não têm vozes para falar ao homem [...]. Acabou-se o seu contato com a natureza, e com ele foi-se também a profunda energia emocional que essa conexão simbólica alimentava".[5] Jung já havia observado que essa dissociação era a causa de muitas neuroses e transtornos de ansiedade. A coisa só piorou desde então, e hoje os psicólogos norte-americanos usam a expressão "transtorno do déficit de natureza"[6] para designar as múltiplas patologias causadas por esse desenraizamento: ansiedade, estresse, perturbações da atenção e da visão, depressão etc. Eles se mostram particularmente preocupados com as novas gerações de crianças que não têm mais contato com a natureza (chamadas de "crianças de recinto fechado" ou "crianças em redoma"), nas quais observam quadros depressivos sintomáticos de pouca vitalidade, pouco desejo, pouco impulso vital.

A natureza, sem dúvida, é a maior mestra da vida que pode haver. Ao observá-la, descobrimos o extraordinário equilíbrio dos ecossistemas: cada planta e cada animal desempenha um papel crucial na manutenção da harmonia do todo. A natureza não tem medo da diferença: pelo contrário, essa é a sua riqueza. Existe uma dinâmica de inter-relação em toda a natureza — tudo interage com tudo — que dá vida à vida e a torna mais viva. Podemos ver o elã vital atuando em toda a natureza, com suas capacidades de resistência, de adaptação e de criatividade, e também por isso precisamos nos conectar com ela como modelo de sabedoria de vida.

HABITAR O CORPO E ALIMENTAR A MENTE

Para estar conectado com o elã vital, também é fundamental habitar o nosso corpo, pois captamos a energia do mundo com os cinco sentidos. Ora, uma das consequências da ruptura com a natureza é a diminuição notável das nossas percepções sensoriais. Esse fenômeno é mais acentuado entre os jovens, pelo tempo que gastam diante das telas com os video games, as redes sociais ou desenvolvendo um trabalho intelectual. O resultado disso é uma forte cerebralização, que cria um déficit de atenção sensorial. A atividade cognitiva fica sobrecarregada e a sensorial, deficiente. Esse fenômeno não é de hoje. Em 1910, um médico suíço, Roger Vittoz, já observava que muitas pessoas que moravam nas cidades apresentavam distúrbios nervosos e de atenção ligados a uma disfunção cerebral. Desenvolveu então um tratamento para esses distúrbios valendo-se de uma reeducação do controle cerebral baseada na percepção sensorial e no desenvolvimento da consciência. Seu método consiste em ajudar o paciente a afrouxar o controle cerebral usando uma prática de relaxamento e, em seguida, a recuperar a consciência de suas sensações. O paciente redescobre gradativamente o prazer de tocar, de ver, de saborear, de cheirar e de ouvir. Aprende, assim, a se reconectar com suas percepções corporais por meio de exercícios simples, como saborear lentamente uma uva ou tocar num objeto frio estando totalmente presente nessa sensação. Essa reeducação tem impacto no cérebro e faz desaparecer os distúrbios nervosos que afetavam o paciente.

Esse método inspirou em grande parte a prática contemporânea da atenção plena (*mindfulness*), desenvolvida pelo médico norte-americano Jon Kabat-Zinn, que é uma espécie de meditação secular que ajuda a abrandar o controle da mente e se reconectar com as próprias sensações corporais para reduzir os distúrbios de atenção e da ansiedade. Como tive distúrbios de atenção quando era jovem, fiz um tratamento com o método Vittoz que se mostrou muito eficaz — e há mais de 35 anos pratico a meditação da atenção plena. Dessa maneira pude constatar, e continuo constatando, a eficácia dessas práticas que nos ajudam a nos sentir mais presentes no mundo. Afinal, se a pessoa vive no meio da natureza e fica ruminando as preocupações enquanto caminha, não tira nenhum proveito! Quando, pelo contrário, habitamos o nosso corpo, quando estamos presentes de forma plena em cada sensação, em cada cheiro, em cada detalhe, em cada som, sem dúvida nos sentimos verdadeiramente vivos e, portanto, mais alegres e desejantes. A prática regular de uma atividade esportiva, começando por ir e voltar do trabalho a pé ou de bicicleta, é muito benéfica. Quando o corpo está em movimento, não só se regenera e mantém um bom equilíbrio das funções vitais (coração, respiração), como também nos sentimos mais tonificados, mais dinâmicos, mais tranquilos e alegres. Praticar uma atividade esportiva diária com toda a consciência é, assim, uma excelente forma de cultivar o elã vital.

Se habitar o próprio corpo é essencial para desenvolver o elã vital e fazer crescer a nossa potência desejante, em relação ao espírito ou à alma (seja qual for o nome que demos à nossa interioridade) acontece a mesma coisa. Nosso espírito ou alma precisa ser alimentado, caso contrário atrofiamos uma parte essencial do nosso ser. Muitas pessoas são desmotivadas ou deprimidas porque não desenvolveram uma vida interior. Em 2010, publiquei um livro intitulado *Pequeno tratado da vida interior* que tocou milhões de leitores porque evocava, com um misto de reflexões filosóficas e exemplos concretos, a necessidade de expandir a vida interior para sermos plenamente humanos e nos desenvolvermos em profundidade. A vida interior se alimenta em grande parte de uma ingestão de conhecimentos, leituras e reflexões que nos permitem satisfazer e aumentar a nossa inteligência e conhecer melhor o mundo. Mas também se alimenta de introspecção, de meditação, de auto-observação. Quando surge uma emoção dentro de nós, podemos aprender a observá-la, a saboreá-la ou a lidar com ela, em vez de recalcá-la ou deixar que ela nos influencie sem termos consciência disso. Quando assisto a um filme ou leio coisas que me emocionam, por exemplo, gosto de ficar algum tempo em silêncio saboreando essa emoção em vez de começar imediatamente outra atividade. Aprendemos assim a conviver com nós mesmos, a ter prazer em ficar sozinhos para pensar, meditar, saborear sensações ou emoções. Em outras palavras, para degustar os nossos estados de espírito. Essa atividade interior nos mantém muito mais vivos do que se vivêssemos totalmente fora de nós mesmos, interpelados e afetados o tempo todo pelos estímulos do nosso ambiente.

Minha mãe, que acabou de fazer 97 anos, mora numa casa de repouso porque não consegue mais andar. Ela passa o tempo lendo, rezando, pensando, e tem uma vitalidade e uma vivacidade extraordinárias. Um dia, quando estava almoçando com ela, fiquei surpreso ao descobrir que outros residentes, embora mais novos que minha mãe, eram amorfos, apáticos e pareciam deprimidos. "São pessoas que estão morrendo de tédio aos pouquinhos", explicou ela, "porque não leem, não se interessam mais por nada e muitos deles também perdem a memória rapidamente, porque seus neurônios não estão trabalhando." Quando se tem uma vida interior, quando se cultiva a própria mente, nunca se fica entediado. Sempre é possível pensar, meditar, aprender, desejar, sempre temos algo que nos estimula e nos mantém vivos.

O espírito humano também precisa contemplar para se satisfazer plenamente. Segundo Platão, Aristóteles ou Plotino, a contemplação — seja da beleza do mundo, seja da beleza divina — é a atividade última a que nossa mente aspira para desfrutar algo de forma plena e para descansar. Aristóteles escreve assim no fim da *Ética a Nicômaco*:

> Se, portanto, a razão é divina em comparação com o homem, a vida conforme à razão é divina em comparação com a vida humana. Mas não devemos seguir os que nos aconselham a ocupar-nos com coisas humanas, visto que somos homens, e com coisas mortais, visto que somos mortais; mas, na medida em que isso for possível, procuremos tornar-nos imortais e envidar todos os esforços para viver de acordo com o que há de melhor em nós; porque, ainda que seja pequeno quanto ao lugar que ocupa, supera a tudo o mais pelo poder e pelo valor. E dir-se-ia, também, que esse elemento é o próprio homem, já que é a sua parte dominante e a melhor dentre as que o compõem. [...] E assim, para o homem a vida conforme à razão é a melhor e a mais aprazível, já que a razão, mais que qualquer outra coisa, é o homem. Donde se conclui que essa vida é também a mais feliz.[7]

Eu também preciso regularmente desses momentos de recolhimento, nos quais meu espírito se une a algo maior, a um Todo que me ultrapassa e cujo nome pouco importa. Muitas vezes sinto amor e alegria nesses momentos de profunda interioridade, e minha única oração consiste em dizer "Obrigado".

ACEITAR A MORTE PARA VIVER PLENAMENTE

Por mais paradoxal que possa parecer à primeira vista, estou convencido de que uma das melhores maneiras de viver plenamente e sentir-se plenamente vivo é aceitando a morte. Se toda a nossa vida é organizada em torno do medo de morrer, corremos o risco de ter uma vida mesquinha. Já vimos que Nietzsche fazia uma crítica veemente a essa nova forma de niilismo que consiste em buscar a segurança e a saúde acima de tudo, porque essa obsessão nos faz viver de maneira estreita, movidos pelo medo permanente de que algo nos aconteça. Querendo evitar a morte a todo custo, acabamos virando mortos-vivos. Estes últimos anos, marcados pela epidemia de covid, mostraram que essa obsessão por tudo o que se refere à saúde afetou um grande número de pessoas, assim como a própria gestão política da crise. Só importava salvar o maior número possível de vidas da doença, mesmo que à custa da liberdade individual e do equilíbrio psíquico e emocional de todos. Na primavera de 2020, seguindo os passos de André Comte-Sponville, denunciei essa política que consiste em considerar a saúde como valor supremo, e mais tarde, em julho de 2021, a adoção na França do passe sanitário que desrespeitou o lema republicano — liberdade, igualdade e fraternidade — em nome de uma obsessão pela saúde, quando teria sido mais justo focar populações de risco. Quantas pessoas praticamente deixaram de viver por medo de pegar covid, mesmo sem ter comorbidades — e quantas restrições, tão danosas psicologicamente, impusemos às crianças, embora elas fossem tão pouco afetadas pela doença!

O medo da morte nos leva a fazer escolhas individuais e coletivas que limitam, esterilizam e enfraquecem a vida. Mas para que viver cem anos se não se vive de verdade ou se vive à base de ansiolíticos e antidepressivos? Atualmente, o Atarax (um ansiolítico) substituiu a ataraxia, que é a paz interior buscada pelos epicuristas e pelos estoicos. Em vez de uma alegre serenidade, fruto da sabedoria filosófica que encara a morte, muitas vezes estamos embrutecidos por drogas que inibem o nosso impulso vital. O mesmo se aplica ao sofrimento, que procuramos evitar a qualquer preço: ninguém quer sofrer. Alguns, no entanto, aceitam essa possibilidade de sofrer (assim como aceitam a possibilidade de morrer) e admitem correr riscos para viver de modo pleno. Quando se ama de coração aberto, corre-se o risco de sofrer; quando se praticam atividades esportivas intensas, corre-se o risco de se machucar; quando se decide continuar vivendo mais ou menos normalmente durante uma pandemia (o que não impede de tomar precauções, como usar máscara ou adotar certas medidas de proteção), corre--se o risco de adoecer. Em poucas palavras, você pode organizar sua vida evitando qualquer risco de sofrimento, o que acaba restringindo-a, ou pode, ao contrário, aceitar o sofrimento, o que pode torná-la mais intensa. Neste segundo caso, porém, concluímos que o sofrimento também pode nos fazer crescer, que uma provação pode nos fortalecer — como disse Nietzsche: "o que não me mata me fortalece". Da mesma forma, nossas defesas imunológicas precisam combater inimigos para se fortalecer, assim como o nosso espírito precisa superar dificuldades e obstáculos para se enrijecer. É o que Nietzsche exprime tão bem nesta passagem de *A vontade de potência* com laivos espinosanos:

> O que o homem quer, o que a menor partícula do organismo vivo quer, é um aumento de poder. Aspirar a esse objetivo dá tanto prazer quanto desprazer; em cada uma de suas vontades, o homem busca resistência, precisa de algo que se oponha a ele... O desprazer, obstáculo à sua vontade de poder, é portanto um fator normal, o ingrediente normal de qualquer fenômeno orgânico; o homem não o evita, pelo contrário, necessita constantemente dele: qualquer vitória, qualquer sensação de prazer, qualquer acontecimento pressupõe uma resistência superada.[8]

Longe de qualquer doutrina dolorífica que nos proponha buscar o sofrimento, Nietzsche nos convida a atravessar o sofrimento quando ele se apresenta e superá-lo, porque sabe que isso pode nos fazer crescer. Ideia semelhante encontramos no psiquiatra francês Boris Cyrulnik, que se refere ao trauma como "infortúnio maravilhoso". Ele pôde observar, tanto na própria vida como na de seus pacientes, o fenômeno de resiliência que nos permite a recuperação e o crescimento após um momento difícil na vida. Não podemos reduzir a vida apenas à preservação biológica: viver é gozar e é sofrer; é superar obstáculos para crescer; é vibrar e ser atravessado por todo tipo de emoções e sentimentos; é rir e chorar; é amar por vezes a ponto de dar a própria vida; é correr riscos e preferir a liberdade à segurança; é encarar a morte como parte integrante da vida e não como o oposto da vida. Viver é se deixar levar pelo impulso vital e pela força desejante de todo o nosso ser.

BIÓFOROS E BIOCIDAS

Em um livro publicado em 2021 — *Élan vital: Antidote philosophique au vague à l'âme contemporain* [Elã vital: Antídoto filosófico para a melancolia contemporânea][9] — a filósofa francesa Sophie Chassat inventou dois conceitos muito interessantes: "bióforo" e "biocida". "É bióforo (literalmente, portador da vida)", escreve ela, "toda experiência que ativa, alimenta e transmite o elã vital. Bióforo é o que desperta, estimula e fertiliza a vida viva."[10] As experiências que descrevi neste capítulo correspondem perfeitamente a essa definição, e Sophie Chassat acrescenta outras, uma delas muito importante — relacionar-se com os outros — e da qual vou tratar de forma mais pormenorizada no capítulo seguinte, dedicado ao amor. Inversamente, ela chama de biocídio (literalmente, o que destrói a vida) as experiências que destroem ou sufocam nossos impulsos vitais, e descreve as três principais: o ideal, a reclamação e a norma. Concordo inteiramente com sua análise, sobretudo quando denuncia a "biopolítica" contemporânea — "que faz da gestão da (sobre)vida um projeto político em si mesmo"[11] — e quando cita muito apropriadamente as palavras do médico e filósofo da ciência Georges Canguilhem:

> As normas das vidas patológicas são aquelas que obrigam o organismo a viver doravante em um ambiente "restrito", qualitativamente diferente, em sua estrutura, do seu ambiente de vida anterior, e exclusivamente nesse ambiente restrito, pela impossibilidade que o organismo tem de enfrentar as exigências de novos ambientes, em forma de reações ou de iniciativas provocadas por situações novas. Já para o animal, contudo, e com mais razão para o homem, viver não é apenas vegetar e se preservar, é enfrentar riscos e triunfar sobre eles.[12]

Sophie Chassat comenta assim esta citação:

> Estas poucas e poderosas linhas de Georges Canguilhem podem ser usadas para distinguir, numa escala não apenas individual, mas também em escala coletiva, as normas sociais "biofóricas" daquelas que são "biocidas". Qualquer norma que restrinja o nosso poder de agir e reduza a vida a um ideal de conservação é biocida e nos submete ao risco de ficarmos coletivamente doentes, ou seja, inertes, incapazes de reagir criativamente a uma situação ou de inventar aquilo que verdadeiramente nos libertará. Ironia: a obsessão pela saúde se opõe à saúde, é literalmente *insana*, tanto doentia quanto demente. Já os dispositivos que nos permitem continuar a "enfrentar riscos e triunfar sobre eles", pelo contrário, são os únicos que garantem a vitalidade e o desenvolvimento de um coletivo. Tal como a saúde de um indivíduo, a saúde vital de um grupo humano se mede pela capacidade de enfrentar os perigos e superá-los com inventividade.[13]

* * *

Cultivar o elã vital ou desenvolver a nossa potência desejante são uma coisa só, que nos faz viver sentindo-nos plenamente vivos. Quando Gide escreve: "Cada desejo me enriqueceu mais do que a posse sempre falsa do próprio objeto do meu desejo", ele quer dizer que o que importa não é o objeto desejado, mas sim o próprio movimento do desejo — pois o desejo nos inspira, nos faz agir, nos torna criativos.

4. As três dimensões do amor-desejo

O amor da amizade consiste mais em amar do que em ser amado.
Aristóteles (século IV a.C.)

Para entender melhor a complexidade dos laços afetivos que nos unem, os pensadores gregos usam principalmente três palavras: *eros*, *philia* e *agape*. Cada uma dessas palavras corresponde a uma forma de amor, e eu diria também que cada uma dessas dimensões do amor corresponde a um tipo de desejo.

EROS E O DESEJO DE POSSUIR

Como já mencionei, o *eros* corresponde ao desejo-falta. Ainda que possa levar certos indivíduos, segundo Platão, à contemplação divina, o *eros* alimenta sobretudo a paixão sexual e amorosa: eu desejo o outro porque ele preenche uma carência ou uma expectativa minhas. Poderíamos dizer que nessa forma de amor-desejo eu quero *possuir*. É assim, aliás, que qualificamos nossas relações de desejo-amor com os objetos: se desejo ou gosto de chocolate e de carros bonitos, isso significa que quero consumi-los ou possuí--los. Nas relações humanas, o *eros* nos estimula a amar-desejar o outro porque ele nos dá algo, porque preenche uma falta, porque nos regenera, nos valoriza, nos excita ou nos satisfaz sexualmente. Como vimos, a sexualidade muitas vezes assume uma forma de amor narcísico: eu quero o olhar desejante do outro para reforçar minha autoestima. Também pode ser vivida de modo puramente utilitário: o outro é o objeto do meu gozo, está lá para satisfazer as minhas necessidades fisiológicas ou corresponder às minhas fantasias. Assim, ele é "coisificado": nós o desejamos e gostamos dele como se fosse um bom vinho. Mas a partir do momento em que o outro não me dá mais nada, que o meu desejo sexual por ele diminui, que encontro outra pessoa que desejo mais, ou que atende melhor às minhas necessidades, eu me afasto.

PHILIA E O DESEJO DE COMPARTILHAR

A *philia* corresponde a uma outra forma de amor, explicada em detalhes por Aristóteles na *Ética a Nicômaco*. O termo geralmente é traduzido como "amizade", mas como essa palavra tem um significado muito específico, por exemplo, na língua francesa [e também na portuguesa], poderíamos traduzir *philia* como "amor de amizade". Para Aristóteles, de fato, a *philia* diz respeito tanto às relações que se qualificam como "amigáveis" quanto às relações sociais baseadas na utilidade, ou ainda à relação afetiva profunda que une cônjuges, pais e filhos ou irmãos e irmãs (outros autores gregos preferem usar a palavra *storge* para qualificar o amor tipicamente familiar). Retomando o amor e o desejo--falta mencionados por Platão, ele pretende mostrar que existe outro tipo de amor-desejo, que não se baseia na falta: é aquele que une os seres numa relação de cooperação e afeto mútuo. E afirma que a *philia* é "sumamente necessária à vida. Porque sem amigos ninguém escolheria viver, ainda que possuísse todos os outros bens".[1] Aristóteles distingue três tipos de *philia*: o amor de amizade fundado na utilidade, o fundado no prazer e, por fim, o mais perfeito, aquele baseado na alegria de estar juntos. Assim como caracterizei o *eros* como desejo de *possuir*, caracterizarei a *philia* como desejo de *compartilhar*. Essas três formas de amizade correspondem a um desejo de intercâmbio, de partilha e de enriquecimento mútuo. Aristóteles também afirma que, quaisquer que sejam suas formas, a *philia* é baseada na reciprocidade e num projeto comum. Dois indivíduos se escolhem mutuamente para cooperar num trabalho comum (*koinonia*). Se o relacionamento for baseado na utilidade, eles podem se unir, por exemplo, em torno de um projeto profissional, associativo ou político. Se for baseado no prazer, vão compartilhar lazeres ou atividades agradáveis de fazer a dois. Se for baseado na alegria de estar juntos, será uma amizade duradoura, alimentada por momentos regulares de partilha, ou uma vida a dois se forem os cônjuges. Esta última forma de amizade é a mais perfeita, especifica Aristóteles, porque o outro não é mais simplesmente um meio, mas um fim em si mesmo. Amamos o outro não só pelo que ele nos dá, mas, acima de tudo, por quem ele é, em si mesmo. O que nos toca é a sua personalidade. A amizade se baseia, assim, num amor benévolo (*eunoia*) que consiste em desejar o melhor para o outro e amá-lo em si mesmo, sem expectativas hedonistas ou utilitaristas. Nós nos regozijamos com sua felicidade, ficamos tristes com o seu infortúnio e nos esforçamos para permitir que o outro se realize, que seja plenamente ele mesmo. No amor do tipo *philia*, portanto, nosso maior desejo consiste em alegrar-nos na presença daqueles que amamos, desejando ao mesmo tempo a sua felicidade. Nesse momento, a infelicidade não é mais ligada ao que não temos nem ao tédio, mas à privação da presença daqueles que amamos, cuja morte é a expressão mais brutal. Essa amizade é muito sólida e permite que os amigos se ajudem nos imprevistos da vida. Por sua vez, a amizade baseada na utilidade ou no prazer é frágil, pois a amizade termina quando os amigos deixam de ser úteis ou agradáveis um ao outro.

Seja qual for a forma assumida pela *philia*, sempre existe nela um desejo de compartilhar, recíproca e equitativamente, algo com outro ser humano. Esse compartilhamento é sempre benéfico também para nós: ele nos ajuda, nos permite crescer, melhorar, prosperar, viver em paz, ter prazer e alegria. Mas é igualmente benéfico para o outro. Aristóteles insiste sempre nessa dimensão da reciprocidade: é isso que distingue a generosidade do amor benévolo que une dois amigos. Diante de estranhos, podemos agir com generosidade — uma forma, portanto, de benevolência —, mas a amizade se baseia num relacionamento benévolo pessoal, escolhido, desejado entre dois indivíduos. O filósofo também diz que a amizade deixa de existir quando desaparece a reciprocidade, a equidade ou o projeto em comum. Assim, não é o fim do meu desejo de *possuir* que marca o fim da *philia*, como acontece com o *eros*, mas o fim da possibilidade de *compartilhar*. Quando a utilidade, o prazer ou a alegria não estão mais presentes e sendo compartilhados, o amor da amizade desmorona. Mesmo no caso do amor entre amigos ou cônjuges, Aristóteles aponta que se o amigo mudar e não sentirmos mais aquela reciprocidade e aquela força de sentimentos compartilhados, é melhor terminar o relacionamento. Ele dá o exemplo de um amigo ou um cônjuge que desenvolve um comportamento perverso que não tinha quando o conhecemos e que se recusa a se corrigir: "Nossa amizade não se dirigia a um homem desse tipo; por isso, se o seu caráter mudou e somos impotentes para levá-lo de volta para o caminho certo, não há outra coisa a fazer senão afastar-se dele".[2]

O que há de mais bonito nessa forma última de amor de amizade é que ela representa o oposto do espelho narcísico do *eros*: nela, não olho mais o outro como um espelho que me lisonjeia, mas me vejo no olhar de amor que o outro me dá. A pessoa que me ama me transmite isso no seu olhar, muitas vezes mais profundo e verdadeiro que aquele que eu mesmo poderia lançar sobre mim. Que felicidade sermos amados pela nossa verdade, e não pela imagem falsa que temos de nós mesmos ou que procuramos passar!

AGAPE E O DESEJO DE DAR

Aristóteles afirma que, em sua dimensão última, "a amizade consiste mais em amar do que em ser amado",[3] e dá como exemplo o amor de uma mãe pelo filho. Mas será então que, nesse caso, ainda podemos falar de *philia*? Estamos aqui para além da reciprocidade e para além do trabalho comum. Estamos diante de um amor incondicional, que não espera nada em troca. A mãe dá sem querer receber coisa alguma em troca. Ora, esse presente de amor tem um nome: *agape*. Essa palavra não está presente na obra dos filósofos da Antiguidade. Só aparece três vezes na tradução grega da Bíblia hebraica e algumas vezes também nos textos de Fílon de Alexandria, um pensador judeu contemporâneo de Cristo. Os autores cristãos é que vão popularizá-la, já que o termo *agape* aparece 117 vezes no Novo Testamento. Designa tanto o amor incondicional que Deus tem pelos seres humanos como um amor totalmente desinteressado que se pode ter por alguém — a ideia subjacente é que todos os homens são irmãos por serem todos filhos de um mesmo Deus. Então, não se trata simplesmente de amar os seres queridos (*philia*), mas de amar o próximo, ou seja, inclusive um desconhecido, um escravizado, um estrangeiro, um inimigo... Os dois textos do Novo Testamento que melhor definem *agape* são a Primeira Epístola de João e a Primeira Epístola de Paulo aos Coríntios.

João escreve:

Caríssimos, amemo-nos uns aos outros, pois o amor é de Deus e todo aquele que ama nasceu de Deus e conhece a Deus. Aquele que não ama não conheceu a Deus, porque Deus é Amor. [...] E nós temos reconhecido o amor de Deus por nós, e nele acreditamos. Deus é Amor: aquele que permanece no amor permanece em Deus e Deus permanece nele.[4]

Paulo presta uma poderosa homenagem ao amor-*agape* neste hino magnífico:

Ainda que eu falasse línguas, as dos homens e as dos anjos, se eu não tivesse a caridade, seria como um bronze que soa ou como um címbalo que tine. Ainda que eu tivesse o dom da profecia, o conhecimento de todos os mistérios e de toda a ciência, ainda que tivesse toda a fé, a ponto de transportar montanhas, se não tivesse a caridade, eu nada seria. Ainda que eu distribuísse todos os meus bens aos famintos, ainda que entregasse o meu corpo às chamas, se não tivesse a caridade, isso nada me adiantaria. A caridade é paciente, a caridade é prestativa, não é invejosa, não se ostenta, não se incha de orgulho. Nada faz de inconveniente, não procura o seu próprio interesse, não se irrita, não guarda rancor. Não se alegra com a injustiça, mas se regozija com a verdade. Tudo desculpa, tudo crê, tudo espera, tudo suporta.[5]

Ainda que criado em um contexto teológico particular, o conceito de amor-*agape* pode perfeitamente ser secularizado para designar qualquer amor incondicional. O amor de um pai por um filho, por exemplo, ou às vezes de um casal entre si, mas também o amor pelo outro sem nenhuma expectativa de retribuição. Quando alguém arrisca a própria vida para salvar um estranho, não se trata nem de *eros* nem de *philia*, mas de *agape*. O conceito de *agape* é muito semelhante à noção budista de compaixão (*karuna*), que designa o desejo ardente de ajudar a todos que sofrem. O amor *agape* exprime, então, um desejo de dar. Enquanto o *eros* deseja possuir o que lhe falta e a *philia* deseja conviver com um ente querido, o *agape* manifesta uma dimensão do amor humano (considerada pelos crentes como de origem divina) que deseja dar sem pretender receber nada em troca.

AS TRÊS DIMENSÕES DO DESEJO NO RELACIONAMENTO AMOROSO

Essas três formas de desejo podem existir no relacionamento amoroso. Em quase todos os casos, o *eros* está presente: é ele quem cria a atração sexual e quem dá ao desejo um tempero tão intenso. A relação amorosa sem *eros*, o que é uma situação rara, não terá sexualidade nem paixão. Em alguns casos, há apenas *eros*: uma atração sexual poderosa, necessidade do outro para preencher uma falta, projeção imaginária etc. Nesse caso, o relacionamento, por mais forte que seja, não está destinado a durar muito. Mais cedo ou mais tarde o desejo arrefece, acaba se dissolvendo com o egoísmo dos parceiros, ou então desaparece a ilusão criada pela projeção, dando lugar à desilusão, à indiferença ou ao ressentimento. Na maioria das vezes o *eros* convive com a *philia*: sentimos um desejo sexual pelo parceiro que vem preencher nossas expectativas e nossas carências, mas afinal o conhecemos melhor e, com o passar do tempo, nos apegamos a ele e o amamos por si mesmo. A maioria dos casais que tem um relacionamento duradouro conhece essas duas espécies de desejo — o desejo de possuir e o de compartilhar — que, muitas vezes, sucedem-se ao longo do tempo. Diremos então que a ternura e a cumplicidade tomaram o lugar inicial do desejo sexual, e é isso que faz o casal se manter. O *agape* também pode se desenvolver dentro do relacionamento: quanto mais amamos o outro, mais somos capazes de amá-lo incondicionalmente, sem expectativas e sem possessividade. Queremos, acima de tudo, sua felicidade; o amor que temos pelo parceiro já não é mais condicionado pelo amor que ele nos dá. A jornalista e escritora Julie Klotz, num belo livro recente sobre o amor, escreve:

> É um amor livre do ego, que está para além do emocional. Envolve o perdão. O encontro de uma alma com outra alma permite uma aliança entre duas liberdades, dois seres inteiros. Está livre de toda e qualquer concupiscência, cobiça e, portanto, de egoísmo; não tem possessividade nem pertencimento, é o amor de tudo aquilo que não falta.[6]

A autora também destaca, corretamente, que para lograr uma vida a dois é preciso ter consciência das quatro dimensões que condicionam a vida amorosa: a biologia, a psicologia, a cultura e a espiritualidade.

De fato, creio que um casal equilibrado e sólido vive as três dimensões do amor-desejo: uma sexualidade plena, uma amizade profunda e um amor incondicional. O equilíbrio entre esses três amores-desejo varia de um casal para outro e pode mudar com o tempo, mas essas três dimensões são essenciais para um relacionamento forte, pleno e duradouro.

VÍNCULOS COM OS OUTROS E ELÃ VITAL

Vimos no capítulo anterior que o elã vital é alimentado pela criatividade, pela forma como habitamos nosso corpo e nutrimos nosso espírito, e pela ligação fundamental com a natureza: o céu, o mar, as plantas, os animais. Também se alimenta da qualidade do vínculo que temos com os outros. O ser humano precisa viver em sociedade para florescer e aumentar sua vitalidade, mas também para manter relações afetivas íntimas gratificantes. A psicologia profunda mostrou como a criança é receptiva ao ambiente em que vive e como toda a sua vida é determinada pelos primeiros laços familiares. Para sentir-se vivo, para crescer e florescer, o ser humano precisa amar e ser amado, ser respeitado e ser útil aos outros. Ao longo de nossa vida encontramos pessoas que nos tocam. Como observa Espinosa, algumas alimentam a nossa força vital e aumentam a nossa alegria. Digamos que nos dão asas para voar. Surgem então novos desejos em nosso coração. Outras, ao contrário, diminuem a nossa vitalidade e nos fazem cair na tristeza. Digamos que nos puxam para baixo. A nossa força desejante seca. Também ocorre com frequência que certos relacionamentos a princípio nos estimulam e depois se tornam incômodos, porque evoluímos de maneira diferente ou saímos da ilusão provocada pela paixão sexual. Nesses casos, é conveniente cortar esses vínculos que sufocam a nossa vitalidade em lugar de aumentá-la. Eu já notei que minha criatividade diminui quando me encontro nessa situação: ela fica sufocada por um vínculo emocional que se tornou tóxico, ao passo que, de modo geral, um vínculo positivo a libera. Mas é óbvio que as coisas nem sempre são simples, e às vezes é doloroso nos separar de uma pessoa que sabemos ser frágil ou dependente de nós, ou com quem construímos um projeto comum (familiar ou profissional) difícil de desfazer.

As três formas de amor que acabei de mencionar alimentam de modos diferentes nosso elã vital e nosso desejo. O *eros* aumenta a nossa força desejante pelo poder do desejo sexual. A *philia* abre o nosso coração e o torna mais desejante com a profundidade da amizade ou da vida a dois. O *agape*, por fim, nos faz vibrar nas mais altas ressonâncias do amor universal e nos permite entrar no círculo virtuoso, quase mágico, da generosidade e da abundância da vida. Segundo o terapeuta e teólogo ortodoxo Philippe Dautais,

> Aprofundando essa experiência, aos poucos percebemos que tudo é dom. Nasce em nós o desejo de nos doarmos [...]. Entramos, pois, numa espiral; quanto mais damos, mais se revelam as nossas riquezas interiores, mais descobrimos a beleza da vida, ficamos cada vez mais receptivos aos dons recebidos e comprovamos que, quanto mais damos, mais temos a sensação de receber mais do que damos. Quem sabe colocar-se a serviço do outro, dos outros, testemunha tudo o que recebe.[7]

Todos os grandes místicos e espiritualistas da humanidade testemunham essa experiência de desejo e amor universal.

5. Místicas do desejo

Jesus ensina o desejo e nos leva a ele.
Françoise Dolto (século XX)

Quando abordei a questão da regulação do desejo pela lei religiosa, deixei de mencionar propositalmente as correntes místicas que, nas grandes tradições religiosas, em particular os três monoteísmos, preconizam um caminho para regular o desejo humano que não é o caminho da lei. Esse outro caminho é o do amor. Um amor que nos faz desejar infinitamente e, assim, nos liberta dos desejos finitos.

JESUS E A SABEDORIA DO AMOR

Em sua crítica radical à religião, Espinosa poupa um único personagem: Cristo. O filósofo sempre se recusou a converter-se ao cristianismo — o que o obrigou a abrir mão de um casamento com a filha do seu professor de latim —, mas tinha profunda admiração por Jesus, a quem considerava tanto um filósofo quanto um profeta. Para Espinosa, Cristo é de fato o único profeta, pois todas as suas ideias são adequadas e cada palavra sua é verdadeira. Ele o considera como "a emanação da sabedoria divina" — isto é, Cristo compreende as leis divinas universais de maneira perfeitamente adequada e as põe em prática. Nesse sentido, transmitiu aos seres humanos "verdades eternas e, com isso, libertou-os da escravidão da lei — e, no entanto, confirmou-a e escreveu-a para sempre no fundo dos corações".[1] Essa frase resume perfeitamente o espírito do Evangelho: Jesus afirma que não veio "revogá-los [a Lei e os Profetas], mas dar-lhes pleno cumprimento",[2] mostrando que o verdadeiro sentido da lei religiosa é educar o coração humano para amar. O amor é a finalidade da lei, e quando o esquecemos caímos no legalismo, na culpa, na coerção externa que em nada transforma os corações. É por esse motivo que Jesus nunca deixou de chocar seus contemporâneos ao tomar todo tipo de liberdade com a Lei mosaica, como curar os doentes no dia de Shabat, conversar com prostitutas ou perdoar a mulher surpreendida cometendo o delito de adultério, que a lei mandava ser apedrejada — e que por isso foi entregue pelos sumos sacerdotes aos romanos que o condenaram à morte. Toda a mensagem dos Evangelhos é uma mensagem de amor — "Aquele que não ama não conheceu a Deus, porque Deus é amor";[3] "Este é meu mandamento: amai--vos uns aos outros como eu vos amei"[4] — que convida os seres humanos a agirem de maneira justa, não por medo da punição divina ou por fidelidade cega à lei, mas por amor.

DESEJAR INFINITAMENTE

No livro *O Evangelho à luz da psicanálise*, Françoise Dolto descreve Jesus com uma bela expressão: "Mestre do Desejo", e explica: "Jesus ensina o desejo e nos leva a ele". Essa sabedoria do amor, de fato, também dá ao desejo um lugar central: Cristo nunca julga, não condena jamais: quer apenas redirecionar o desejo dos seres maltratados pela vida que encontra, que são considerados "pecadores". A palavra "pecado" vem do vocábulo hebraico *hata't*, que significa mirar mal, errar o alvo. Para Jesus, aquele que comete um pecado é simplesmente uma pessoa que direciona mal seu desejo. Não adianta puni-la, julgá-la ou culpá-la: é necessário reeducar seu desejo para que essa pessoa aprenda a direcioná-lo bem. E para fazer isso só existe um remédio: o amor. Cristo redireciona os desejos dos interlocutores (Zaqueu, a mulher adúltera, a samaritana, entre outros) não só porque lhes professa um amor sem julgamentos nem restrições, mas também porque os redireciona para Deus, como fonte de amor infinito. Vimos como correntes de sabedoria do Oriente e do Ocidente afirmam que o ser humano é infeliz porque seu desejo é infinito e o leva a desejar constantemente e a ficar sempre insatisfeito. Daí a necessidade de regular o desejo, ou mesmo de suprimi-lo. Jesus parte da mesma observação — a natureza infinita do desejo humano —, mas extrai dela uma explicação e uma conclusão completamente diferentes: nosso desejo é infinito porque vem de um ser infinito — Deus. A única maneira de satisfazer esse desejo é redirecioná-lo rumo a esse infinito. Em outras palavras: não devemos limitar o desejo, mas redirecioná-lo para a sua fonte infinita; dessa maneira poderemos desejar infinitamente, sem padecer nenhum sofrimento nem frustração. O sofrimento e a frustração decorrem do fato de que costumamos direcionar nosso desejo infinito para coisas finitas, que nunca poderão saciar a nossa sede de infinito. É esse o significado das palavras que Jesus dirige à samaritana que teve cinco maridos e cujo coração nunca se satisfaz (porque ela se alimenta do amor-paixão, que é finito, enquanto aspira ao infinito amor divino): "Aquele que bebe desta água terá sede novamente;

mas quem beber da água que eu lhe darei nunca mais terá sede".[5] É isso também que ele pretende deixar claro aos seus interlocutores, que se dizem preocupados por não saber se terão comida ou teto:

> Por isso vos digo: não vos preocupeis com a vossa vida quanto ao que haveis de comer, nem com o vosso corpo quanto ao que haveis de vestir. Não é a vida mais do que o alimento e o corpo mais do que a roupa? Olhai as aves do céu: não semeiam, nem colhem, nem ajuntam em celeiros. E, no entanto, vosso Pai celeste as alimenta. Ora, não valeis vós mais do que elas? [...]. Buscai, em primeiro lugar, o Reino de Deus e a sua justiça, e todas essas coisas vos serão acrescentadas.[6]

Essas palavras são quase inaudíveis, pois nos parece evidente que o essencial consiste em satisfazer nossas necessidades primárias. No entanto, Jesus afirma o contrário: direcionem seus desejos para o essencial, que é Deus, e a vida lhes dará tudo de que precisam. Para as pessoas que não veem nenhum significado na palavra "Deus", poderíamos secularizar essa palavra da seguinte maneira, sem trair em absoluto o seu espírito: encontre primeiro o essencial, ouse ouvir os desejos mais profundos e infinitos do seu coração, oriente seus passos em direção ao que é belo, justo e bom, respeitando as leis da vida, e então a vida lhe dará o necessário. Mas se só se preocupar com o necessário e dirigir seu desejo para as coisas finitas, ficará eternamente insatisfeito e perderá o essencial, pois o necessário não é o essencial.

Pode-se dizer que Jesus, de certa forma, reconcilia Platão e Espinosa. Tal como Espinosa, ele enfatiza o poder do desejo e a necessidade de redirecioná-lo por meio do amor para levar uma vida boa. Mas, tal como Platão, afirma também que o nosso desejo só pode se cumprir no encontro com a fonte divina de onde nossa alma provém, o que explica o sentimento constante de falta do qual padecemos quando nossos desejos se dirigem apenas a coisas terrenas e bens materiais.

A mensagem revolucionária de Jesus era subversiva demais, e ao proclamá-la a Igreja rapidamente a "podou", restabelecendo um certo primado da lei e o medo da punição divina. Como observou claramente o filósofo Henri Bergson em seu último livro, *As duas fontes da moral e da religião*, a história mostra essa oscilação perpétua entre uma religião "aberta", "dinâmica", que cultiva "o elã vital" — a dos grandes guias espirituais e místicos da humanidade — e uma religião "fechada", "estática", a das instituições religiosas, cuja primeira preocupação é controlar o desejo dos fiéis e conservar o próprio poder. Assim, a história do cristianismo é moldada por esse movimento contraditório entre lógicas institucionais mortíferas (inquisição, cruzadas, enriquecimento do clero, culpabilização dos fiéis por medo do inferno, silêncio sobre a pedofilia dos padres etc.) e o dinamismo das correntes espirituais que constantemente o revitalizam (místicos que evocam o primado do amor, a pobreza e o apego à natureza de Francisco de Assis, grandes ordens monásticas, obras educativas e caritativas que aliviam a miséria humana etc.).

MÍSTICA JUDAICA DO DESEJO

Já mencionei que a lei transmitida por Moisés visava tanto inculcar a fidelidade a Deus como limitar o desejo humano entendido como luxúria. Mas o verbo "desejar" em hebraico pode ser expresso com várias palavras, sendo as duas principais (sem as vogais) RTzH e HMD. Esta última significa cobiçar, invejar, ambicionar, pretender, concorrer etc., e é a palavra usada no décimo mandamento: não desejarás a casa, a esposa, o servo etc. de outra pessoa. Na medida em que o desejo como cobiça é destrutivo para as relações amistosas e fraternas, a Lei pretende regulá-lo para criar uma fraternidade e uma comunidade sólida entre aqueles ex-escravizados cujo pão de cada dia era o sofrimento. Daí vêm os dez mandamentos do Sinai, acrescidos pelas 603 outras *mitsvot* ("preceitos") contidas na Torá. Por outro lado, o verbo RTZH é usado no Cântico dos Cânticos, esse extraordinário poema bíblico, para exprimir o desejo místico de fusão com o outro que se deseja. Aqui não se trata mais de cobiça, mas de um desejo ardente de união, que se utiliza da linguagem erótica. Esse texto funda a mística judaica de união com Deus e com a parte divina existente no outro. Traduz a aspiração de superar o ego e fundir-se num Todo maior. "A base da tradição espiritual judaica, magnificada pela Cabala (seu ramo esotérico e místico) é a Aliança", lembra Marc Halévy, notável especialista em espiritualidade judaica.

> A pergunta é: como pode o ser humano elevar-se espiritualmente até o divino ou o sagrado? Mas, para que esse caminho possa se abrir, é preciso desejá-lo. Qualquer experiência espiritual ou mística começa com o desejo — que é, em suma, a porta de entrada. A Aliança é impossível se não houver antes um desejo de Aliança. Temos primeiro que acreditar que essa Aliança é possível e, depois, desejá-la. Não se trata tanto, assim, de amar a Deus (como afirma o cristianismo), mas de desejar o divino, simbolizado pelo tetragrama impronunciável. Esse desejo pelo divino é uma aspiração que sacraliza o mundo, que sacraliza a vida e o espírito, que vai para além do profano.[7]

SUFISMO MUÇULMANO E DESEJO DE UNIÃO COM O DIVINO

Esse desejo de união com o divino também é o cerne das grandes correntes místicas e esotéricas do islã, entre as quais temos em primeiro plano o sufismo. Uma das características da mística sufi, e que também encontramos em todas as outras correntes esotéricas e místicas, é abandonar a visão dualista — presente nos gregos, na Bíblia ou no Alcorão — que separa Deus e o mundo: por um lado, um Deus criador totalmente transcendente e, por outro, o cosmos criado e suas criaturas. Essas correntes adotam, por seu lado, uma concepção monista, à maneira de Espinosa: Deus não está fora do mundo e de suas criaturas: está presente em toda parte. Portanto, não se trata de temer ou de se submeter a esse Deus externo e distante, mas de se unir ao divino presente em toda parte.

Jalāl ad-Dīn Rūmī, o fundador dos "dervixes rodopiantes" no século XIII, é um dos maiores poetas e místicos iranianos da tradição sufi. Afirmando a primazia absoluta da experiência espiritual sobre o dogma e a lei, Rūmī fica à margem do islã oficial, mas atrai um grande número de discípulos. Ele considera a poesia, a música e a dança como ótimas formas de se conectar e de expressar o divino. Seu amor louco por Deus se exprime com uma liberdade e um ardor que às vezes beira o erotismo e transcende todas as religiões e todas as crenças. Nisso, Rūmī representa os grandes místicos judeus, muçulmanos, hindus e cristãos para os quais a experiência íntima do amor divino demole todos os muros, todas as fronteiras e o sentimento ilusório da dualidade. Vamos dar-lhe a palavra:

O que devemos fazer, ó muçulmanos? Porque eu mesmo não me reconheço. Não sou cristão, nem judeu, nem parse, nem muçulmano. Não sou do Oriente nem do Ocidente, nem da terra firme nem do mar, não sou da fábrica da natureza nem dos céus rodantes. Não sou da terra, nem da água, nem do ar, nem do fogo. Não sou da cidade divina nem sou da poeira, não sou do ser nem da essência.

Não sou deste mundo e nem do outro, não sou do paraíso nem do inferno. Não sou de Adão nem de Eva, do Éden nem dos anjos do Éden. Meu lugar é o sem-lugar, meu rastro é aquele que não deixa rastro; não é o corpo e nem a alma, pois pertenço à alma do Bem-Amado.

Abdiquei da dualidade, vi que os dois mundos são um só. É o Um que procuro, o Um que contemplo. O Um que invoco. Ele é o primeiro e é o último, o mais externo e o mais interno. Eu nada sei além de "Oh, ele" e "Oh, ele que é".

Fui embriagado pelo cálice do amor, os mundos desapareceram da minha vista; minhas únicas ocupações são o banquete do espírito e a bebida desenfreada. Se passei algum instante em minha vida sem ti, a partir desta hora e a partir deste momento quero me arrepender da minha vida. Se posso ter neste mundo um instante contigo, quero pisar nos dois mundos, quero dançar em triunfo por toda a eternidade.[8]

DEVOÇÃO AMOROSA E TANTRISMO NA ÍNDIA

De forma bastante semelhante, há correntes espirituais no hinduísmo que priorizam o amor a Deus, ou ao divino, e que valorizam o desejo de união com ele. Uma das mais conhecidas é o movimento *bhaki*, palavra cuja raiz *bhaj* significa compartilhar: com sua amorosa devoção à divindade, o fiel aspira participar de sua essência divina; com sua relação de intimidade com a divindade (representada por estatuetas às quais se oferecem água, flores, perfumes, frutas), o fiel cria um vínculo de proximidade, de amizade, e aspira unir-se totalmente a ela. Essa via de devoção amorosa, que considera que todos os seres humanos são iguais, independentemente de sexo ou de casta, é considerado pelo Bhagavad-Gita — um dos textos mais importantes do hinduísmo — como o melhor caminho para se libertar do ciclo de renascimentos. A divindade escolhida pelos fiéis costuma ser uma das duas grandes figuras que dominam o panteão hinduísta, Vishnu e Shiva.

Ao contrário de ser menosprezado como na tradição cristã, o desejo sexual ocupa lugar importante na espiritualidade hindu. Os hindus veneram o deus do desejo (Kamadeva), uma espécie de *eros* indiano, que é representado com um arco e atira suas flechas nos humanos para ativar-lhes o desejo sexual. Existe um tratado muito conhecido que explica como obter o máximo de prazer nas relações sexuais: o *Kamasutra* ("aforismos do desejo"). Escrito entre os séculos VI e VII, esse texto foi ilustrado com miniaturas no século IX, para torná-lo acessível aos analfabetos, o que mais tarde o transformou em sucesso mundial! Mas, na tradição hindu do *bhaki*, o desejo sexual também pode conduzir à elevação espiritual: é o que se chama de "tantrismo". "As tradições tântricas partem do princípio de que *kama*, o *eros*, a paixão amorosa, são o meio por excelência para transcender o eu empírico e aceder ao divino",[9] escreve André Padoux, o grande especialista francês no assunto. Portanto, não é mais o gozo em si que se busca com o ato sexual, mas a união com o divino, que é possibilitada por meio da superação dos limites do eu. O que os verdadeiros seguidores do tantrismo almejam é a libertação, e não o prazer — ao contrário do que acontece entre tantos praticantes do tantra no Ocidente! Na tradição hindu, a sexualidade tântrica é praticada sob a orientação de um mestre experiente, e de uma forma muito codificada. É sempre concebida como o encontro de um corpo masculino com um corpo feminino: a união sexual é o encontro entre a energia masculina e a feminina, e o *yogin* e a *yogini* se fundem no absoluto com a potência do orgasmo e restauram a androginia divina original.

6. Ousar desejar e reorientar a vida

Quanto mais a alma deseja com intensidade, mais vigorosas se tornam as coisas — e o resultado é semelhante ao que ela esperava.
Santo Alberto Magno (século XIII)

"Ai daquele que não tem mais nada a desejar! Ele perde, por assim dizer, tudo o que possui",[1] exclamou Jean-Jacques Rousseau em 1761. De fato, não ter mais nada a desejar é como não estar mais vivo. Até mesmo o monge budista perdido no templo mais remoto, que renunciou a tudo, tem um desejo intenso de alcançar o nirvana e poder ajudar a todos os seres sofredores. É a potência desejante que nos faz plenamente vivos. Entretanto, muitos não ousam seguir o caminho dos seus desejos.

OUSAR DESEJAR

Quantas vezes já ouvimos estas frases: "Isso não é para mim"; "Eu quero muito, mas não tenho coragem"; "Gostaria de me aproximar dele (dela), mas ele (ela) vai me rejeitar"... Por falta de confiança em nós mesmos, ou porque internalizamos as proibições e os limites impostos por nossa cultura ou pelo ambiente familiar, constantemente restringimos os nossos desejos. Na adolescência, quando perguntei pela primeira vez a uma garota se queria sair comigo, ela respondeu que me achava legal e gostava muito de mim, mas que não sentia nenhum desejo por mim porque eu era muito baixo. Depois disso, fiquei com esse complexo durante anos e reprimi meu desejo de procurar outras jovens, com medo de ser rejeitado outra vez. Felizmente, aos dezessete anos uma mulher um pouco mais velha me devolveu a autoconfiança e permitiu que eu voltasse a ter coragem de expressar meu desejo amoroso. Nesse exemplo, o desejo era presente e consciente, mas sua expressão verbal e o caminho para sua realização estavam bloqueados. Isso acontece com bastante frequência, e muitas vezes é necessário um clique positivo, um encontro fortalecedor, uma mudança de ambiente ou até um trabalho terapêutico para conseguirmos expressar o desejo e buscarmos nosso objeto. Em alguns casos, nem sequer temos consciência dos nossos desejos mais profundos: nossa vida é decepcionante, parece vazia e sem sentido, não gostamos do nosso trabalho, estamos tristes ou deprimidos — não sabemos mais mesmo o que fazer, para onde ir, como descobrir ou redescobrir o sabor da vida. Em suma, não sabemos o que desejar, o que pode mobilizar a nossa força vital. Isso costuma acontecer na adolescência, quando lutamos para identificar os nossos verdadeiros desejos, sejam amorosos ou profissionais. No entanto, esse estado pode continuar na idade adulta, quando nossas escolhas passadas se revelam insatisfatórias. Podemos ter o que todos parecem desejar — emprego, família, casa —, mas nada nos empolga de verdade. Temos pequenos prazeres, mas não alegrias verdadeiras. Nada nos entusiasma, temos a sensação de que estamos desperdiçando a nossa existência. Como podemos reativar o poder desejante? Como identificar o que poderia nos trazer alegria?

JUNG: NECESSIDADE DE SENTIDO E PROCESSO DE INDIVIDUAÇÃO

Essas perguntas eram o centro da prática terapêutica e do pensamento do médico e pensador suíço Carl Gustav Jung. Quando era um jovem psiquiatra de uma famosa clínica suíça, ele iniciou uma relação epistolar com Sigmund Freud, cujas teorias admirava apesar das fortes críticas que a psicanálise nascente despertava nos meios universitário e psiquiátrico. Os dois homens se conheceram em 1907, na cidade de Viena, e foi amor à primeira vista. Trabalharam lado a lado durante vários anos, e Freud nomeou Jung como seu sucessor à frente do movimento psicanalítico. Gradualmente, porém, foram surgindo divergências profundas que acabaram destruindo, no outono de 1913, a amizade e a colaboração profissional entre os dois. O principal ponto de divergência dizia respeito à noção de libido. Em um capítulo anterior, vimos que Freud identificava a libido com o desejo sexual e estava convencido de que ela constituía a origem de toda a atividade humana. Jung não concorda com essa opinião e mostra que a teoria freudiana da libido não pode explicar casos clínicos de esquizofrenia (de cujo estudo ele é um dos pioneiros) em que ocorrem fenômenos de perda da realidade. Jung propõe, então, redefinir a libido para além de suas manifestações sexuais, como um "instinto vital contínuo", um "querer viver", situando-se assim na linhagem de Espinosa, Schopenhauer ou Nietzsche, dos quais é leitor fervoroso. A libido não é apenas o desejo sexual, é a potência vital, o desejo de progredir, de realizar-se, inclusive no plano espiritual. Desse modo, depois de ter se afastado por longo tempo das religiões (seu pai era pastor), Jung passa a encará-las com um olhar mais favorável, porque elas fornecem respostas às grandes questões existenciais que atormentam o ser humano. Para ele, a questão do sentido da vida é central, e fugir dela pode provocar distúrbios psíquicos: "A psiconeurose é, no seu sentido mais profundo, um sofrimento da alma que não encontrou seu sentido",[2] escreve. Estudos contemporâneos em neurociência validam esse diagnóstico. Depois de ter evocado em *Le Bug humain* a questão do desejo tal como se manifesta em nosso corpo estriado, Sébastien Bohler dedicou um livro à questão do sentido, a partir de numerosos estudos realizados com o córtex cingulado, e conclui: "Captar o sentido do que está à nossa volta é tão crucial para a nossa sobrevivência que as situações em que esse sentido nos escapa provocam uma ansiedade fisiológica aguda".[3] Segundo Jung, existem dois grandes caminhos para responder a essa necessidade de sentido: a religião e o processo de individuação. De fato, uma crença religiosa estruturante fornece ao ser humano um dispositivo de sentido que o ajuda a viver e atende à sua necessidade de "expressão mítica", isto é, à sua necessidade fundamental de ter uma representação do mundo e da sua existência que satisfaça à totalidade do seu ser (consciente e inconsciente). Em pessoas não religiosas, essa mesma expressão mítica também pode advir de um trabalho psicológico e espiritual que Jung chama de "processo de individuação": um trabalho que consiste em nos tornar o indivíduo singular que somos, em alcançar a nossa verdadeira personalidade. Trata-se, então, de aceitar e incrementar aquilo que nos impulsiona, de tomar consciência do movimento singular da nossa força vital e de identificar assim os nossos desejos mais profundos e pessoais. A partir de Espinosa, Nietzsche e Bergson, Jung está convencido, então, de que cada indivíduo é movido por uma força interior que o impele a completar-se, a realizar-se de uma maneira única (daí a palavra "individuação"). O elã vital se manifesta em cada indivíduo sob a forma de um chamado ou uma vocação interior que esse indivíduo deve aprender a escutar e a seguir se não quiser perder o sentido da vida. "Trata-se de dizer sim a si mesmo", escreve Jung. "Na medida em que, sendo infiel à própria lei, não se ascende até a sua personalidade, perde-se o sentido da vida".[4] Para fazer isso, Jung nos convida a ouvir as mensagens do nosso inconsciente, especialmente através dos nossos sonhos e de nossas sincronicidades (as coincidências perturbadoras que às vezes acontecem na nossa vida); a desmascarar a nossa *persona*, a máscara social que usamos e que esconde nossa verdadeira personalidade; a integrar as nossas partes femininas (*anima* nos homens) e masculinas (*animus* nas mulheres); a reconhecer e atravessar nossa sombra, a parte obscura de nós mesmos, que recalcamos; a aprender a reconciliar as nossas polaridades e dualidades, e a identificar os nossos desejos mais íntimos e intensos, aqueles que nos trazem alegria e nos quais muitas vezes não ousamos acreditar. Acredito que Jung, graças à experiência pessoal e à prática terapêutica (ele tratou milhares de pacientes e analisou mais de 80 mil sonhos), compreendeu uma verdade profunda e trouxe à luz uma lei universal do ser humano: a necessidade de, ao constituir a própria personalidade e realizar sua vocação profunda, completar-se de maneira singular.

Muitos autores contemporâneos — romancistas, psicólogos, espiritualistas — se inspiraram nas teses junguianas e as ampliaram. Philippe Dautais, por exemplo, escreve com muita razão:

A vida é a integração de um potencial de energias. Na bolota, o carvalho já está potencialmente presente. A criança traz consigo, desde o seio da mãe, riquezas imensas, toda uma capacidade de humanidade. A tarefa do ser humano é pôr em movimento essas riquezas e crescer em humanidade. Para isso, precisa reconhecer suas riquezas, nomeá-las para poder integrá-las e, assim, tornar-se conscientemente aquilo que potencialmente já é. O lento trabalho de tomada de consciência é um caminho de amadurecimento que faz parte do surgimento do sujeito livre e responsável.[5]

O Alquimista, livro iniciático do escritor brasileiro Paulo Coelho, ilumina perfeitamente a noção de vocação de vida, que o autor chama de "lenda pessoal". Um pastor andaluz, Santiago, parte em busca de um tesouro enterrado nas proximidades das pirâmides do Egito. Lá ele conhece o Alquimista, que lhe ensina a ler os sinais do destino, a ouvir seu coração e a seguir seus desejos e sonhos mais profundos. Realizar a "lenda pessoal" é uma forma poética de falar sobre a realização do processo de individuação junguiana: o processo de ir em busca daquilo para o qual fomos feitos e que nos preenche de entusiasmo. O verdadeiro tesouro não é externo, e sim interno: é a autorrealização. Creio que esse livro só teve um sucesso internacional tão grande (mais de 90 milhões de exemplares vendidos) porque expressa de forma simples e simbólica uma verdade profunda, uma verdade que Jung atualizou de forma notável com seu trabalho sobre a psique humana.

REORIENTAR A VIDA

Jung observa que o processo de individuação ocorre em geral na metade da vida, entre os 35 e cinquenta anos, quando os indivíduos percebem que não estão plenamente satisfeitos com suas existências. Antes disso, ficam tão ocupados que não conseguem pensar em mais nada: têm que estudar, ganhar a vida, constituir família. Nesse momento surge o que costuma ser chamado de "crise da meia-idade", quando começamos a nos questionar: será que fizemos as escolhas profissionais e emocionais certas? Estamos no nosso verdadeiro lugar? Nossa existência é de fato satisfatória? Estabelecemos então uma separação entre o que vem verdadeiramente de nós (da nossa força vital pessoal) e aquilo que vem dos outros e que não corresponde ao que somos. Podemos, por exemplo, ter escolhido determinada profissão por influência do ambiente familiar ou por necessidade de segurança material, sem ouvir o nosso desejo profundo. Sentimos então o desejo de reorientar a vida para seguir o caminho que nos parece mais adequado, mais pessoal, aquele que nos dará mais alegria. Pessoalmente, nunca precisei fazer essa reorientação porque tive oportunidade de identificar desde cedo a minha vocação: escrever para ajudar os outros a entenderem melhor o que eu mesmo recebi e entendi da vida. Porém muitas pessoas à minha volta sentiram essa necessidade de mudar de vida. Uma das minhas irmãs trabalhou por bastante tempo num banco antes de se tornar terapeuta. Outra morava em Paris e aos 35 anos abandonou tudo para cultivar plantas medicinais na região da Drôme. Uma vez ela me disse: "Eu ganho muito menos agora, mas sou muito mais feliz, porque realizei meu sonho de viver uma vida simples e cercada pela natureza". Conheço dezenas de pessoas que querem mudar de vida por não estarem se sentindo realizadas. O que elas têm em comum é o fato de procurarem escutar seu impulso vital e os seus desejos mais pessoais.

É verdade que muitos hesitam em dar esse passo, deixar para trás a segurança financeira proporcionada por um emprego estável ou bem remunerado. Sei alguma coisa sobre isso porque corri esse risco, renunciando a um cargo de editor literário aos trinta anos para me lançar na aventura da escrita em tempo integral. Nunca me arrependi — muito pelo contrário —, embora tenha passado por momentos de dúvida e por anos financeiramente difíceis antes de encontrar o sucesso. No entanto, mesmo nesses momentos delicados, continuei movido pelo desejo profundo de me dedicar apenas à escrita, e sem dúvida foram essa fé e essa perseverança que me permitiram, aos poucos, chegar até o público e poder viver apenas do que escrevo. "Quanto mais a alma deseja com intensidade, mais vigorosas se tornam as coisas — e o resultado é semelhante ao que ela esperava", escreveu o grande teólogo medieval Santo Alberto Magno no século XIII. Pude constatar, assim, esta verdade profunda: o Universo geralmente atende aos desejos mais profundos e justos do nosso coração.

VIAGENS E PEREGRINAÇÃO A COMPOSTELA: UMA BUSCA DE SI MESMO

Para se encontrar e ouvir os próprios desejos mais íntimos, cada vez mais jovens decidem viajar. Uma viagem pode ser uma fuga, mas também pode ajudar a tomar distância de um ambiente cultural e familiar que nos encerra em uma concepção de vida estreita demais e que nos impede, muitas vezes, de evoluir de acordo com a própria personalidade. Outros, geralmente mais maduros, decidem percorrer os caminhos de Compostela durante várias semanas, ou vários meses, para marcar uma pausa na vida e escutar os próprios desejos mais profundos. Mais de 200 mil pessoas viajam pela Europa por ano, vindas do mundo inteiro. Graças à filmagem de um documentário para a televisão, passei alguns dias percorrendo os caminhos de Compostela e pude conversar com diversos peregrinos. A maioria deles não é religiosa como os peregrinos da Idade Média, mas todos têm em comum o questionamento do sentido da própria existência. Para eles, a peregrinação constitui um momento privilegiado em que começam a aprender a despojar-se, diferenciando o necessário do supérfluo (a mochila nunca deve ter mais de oito ou dez quilos durante as várias semanas ou meses de caminhada!). O percurso diário de cerca de vinte quilômetros lhes oferece a oportunidade para meditar, pensar sobre a vida, mudar de rumo. Mas também para se conectar com a natureza e com os outros. Muitos deles me disseram que aquela peregrinação era realmente um caminho rumo a si mesmos, uma espécie de busca de si, para aprender a ouvir os desejos do próprio coração e, talvez, depois redirecionar sua vida. Pedi a uma dessas peregrinas, Amélie, uma jovem de 38 anos que vive no País Basco, que escrevesse um testemunho, porque ele é emblemático dessas pessoas sedentas de sentido que um dia decidem ouvir os desejos mais pessoais mediante caminhadas e viagens. E é também um belo exemplo de processo de individuação!

Quando eu era pequena e as pessoas me perguntavam o que eu queria ser quando crescesse, sempre respondia: "Quero ser aprendiza". Mas, para obedecer a uma imposição familiar de segurança financeira, acabei me tornando técnica em aparelhos auditivos. É um trabalho bonito, e faço isso com toda a dedicação. Mas eu não sou o meu trabalho. Havia uma outra parte dentro de mim que queria se expressar, que queria ser, existir, uma parte ainda desconhecida que não tinha como se expressar naquele cotidiano cada vez mais acelerado, no qual a pressão mental e as múltiplas demandas do entorno na prática só deixavam espaço para o meu "avatar socialmente correto"! Na busca por esse outro eu, por meus desejos profundos, não encontrei outra saída a não ser reservar um tempo e um espaço só para mim, sozinha. Para fazer isso, decidi viajar por um ano pela América do Sul, mas afinal essa estadia se transformou, alguns meses depois, numa nova aventura profissional, e então descobri novos talentos, como "diretora de projetos", "criadora e desenvolvedora de empresas", e tudo isso no mesmo ramo de atividade: aparelhos auditivos. Essa experiência de quatro anos na América do Sul me abriu os olhos para outra cultura, para novos horizontes. Mas a certa altura senti necessidade de regressar às minhas raízes, voltar para a França e mais tarde continuar minha viagem interior numa peregrinação pelo caminho de Compostela. Viajar ou caminhar é dispor de um tempo e um espaço a sós para "desaprender" e "reaprender" sobre si mesmo. É sair da agitação da própria mente e dos vícios diários. É decidir tirar a(s) máscara(s) coletiva(s). É aceitar uma fonte desconhecida de ensinamentos e de inspiração. É sair da zona de conforto, que muitas vezes é estreita e sufocante. É decidir dar ouvidos ao desejo agudo de se reapropriar por conta própria do tempo e do espaço. É partir para a descoberta ou redescoberta de si mesmo, tornando-se maior. É desconstruir para reconstruir, ou melhor, "desconhecer-se" para "reconhecer-se".

No início dessa reapropriação do eu, perseguindo o desejo profundo do "conhece-te a ti mesmo", eu tinha um caderno para anotar meus sonhos, que às vezes eram muito esclarecedores, e ao longo dos dias eu escrevia coisas das quais gostava na página esquerda e coisas das quais não gostava nada na página direita. Tudo isso com o objetivo de estabelecer quem eu era realmente — a partir do corpo, das coisas materiais e sensíveis do cotidiano —, porque sentia ter ficado muito tempo presa em diversos papéis sociais e familiares de que não conseguia abrir mão, e aquilo que eu mostrava para fora não coincidia com o que era por dentro, nem com o que queria encarnar. O maior indício dessa discrepância era evidente: o nível de estresse que tinha invadido a minha vida e pouco a pouco foi apagando minha alegria. As coisas tinham que mudar, era preciso partir de um começo: a reapropriação do corpo, do coração, do espírito; o confronto com o mundo, sozinha! Seis anos antes, quando embarquei naquele avião só com o bilhete de ida para a América do Sul, levando apenas o essencial na minha mochila de catorze quilos — e no coração —, claro que eu estava apreensiva com aquele novo e imenso mundo desconhecido, mas também me sentia serena, leve e livre. Eu conseguia respirar de novo! Naquele imenso mundo desconhecido que se oferecia a mim, ganhei um novo fôlego. A jornada iniciática podia começar.

Durante minhas diversas viagens, me reconectei com a natureza: grande, bonita, inteligente. Entrei em contato com o outro: peruano, equatoriano, uruguaio ou peregrino; pedestre, amigo ou amante. Tive tempo para escutar as diferenças, a profundidade de cada um para além das aparências — vi coisas boas e ruins. Me senti maravilhada com muitas coisas; chorei, às vezes de alegria, às vezes sem motivo, às vezes de raiva, às vezes de tristeza. Em contato comigo mesma, dediquei bastante tempo para me ouvir, dei espaço para o que eu amava, para a reflexão, o desenho, a leitura filosófica, a música, a dança, a escrita; fortaleci minha independência e permiti que novas facetas se expressassem dentro de mim. Reaprendi a ouvir meu corpo, meu coração e o meu amado ego embusteiro. Captei o que havia de melhor e também aprendi a atravessar minhas sombras escondidas. Pouco a pouco, longe do condicionamento e das prisões conceituais em que me sentia perpetuamente encerrada, em contato com novas experiências que eu mesma escolhi, pude explorar e revelar em mim novas facetas, adquirir novas habilidades, crescer em novas áreas e recuperar a alegria de ser. Redescobri a felicidade de fazer novas escolhas, livres e focadas, de sentir que estou crescendo e de poder expressar todos os meus traços de personalidade, às vezes opostos, todas as minhas dualidades, todas as minhas forças e todas as minhas fraquezas. Enriquecida com essas experiências em terras desconhecidas, entendi que a vida era como o caminho de Santiago de Compostela: lá sempre aprendemos muito sobre nós mesmos e encontramos pessoas que nos fazem crescer, que nos dão apoio, mas também pessoas que são encontros passageiros; no trajeto sempre enfrentamos momentos difíceis, em que é preciso mobilizar nossos próprios recursos — não convém esperar para avançar (e se transformar), é preciso decidir e dar impulso a esse movimento; enfim, devemos escolher um rumo a seguir, ajustá-lo se for necessário, mas nunca desistir. Hoje sei que ainda não sou a versão totalmente realizada de mim mesma, a versão radiante do grande eu misterioso, mas também sei que estou no caminho certo — e muito mais alegre do que antes!

Conclusão

Não desejamos uma coisa porque é boa,
nós a consideramos boa porque a desejamos.
Baruch Espinosa (século XVII)

Comecei este livro lembrando nossa necessidade imperiosa do desejo: sem desejo, nenhuma vida vale a pena ser vivida. Ao longo do caminho que percorremos neste livro, pudemos constatar que existem duas grandes chaves para compreender o desejo humano. A primeira, a do desejo como falta, exposta por Platão, retomada pela maioria das escolas de sabedoria do mundo antigo e confirmada pela neurociência; e, depois, a do desejo como potência, esboçada por Aristóteles antes de ser inteiramente explicitada por Espinosa e mais tarde por Nietzsche, Bergson e Jung. No meu ponto de vista, os dois, Platão e Espinosa, estão certos. Ambos apontam com precisão para duas dimensões do desejo humano que todos nós vivenciamos: o desejo-falta, que nos dá prazer e pode nos impelir a nos aperfeiçoar, mas também pode nos levar à cobiça, à inveja e à insatisfação permanente; e o desejo-potência, que nos eleva à alegria perfeita, mas que também pode, se não for regido pela razão, levar-nos a uma forma de dominação ou de excesso (a *hybris* dos gregos). Nossa existência oscila muitas vezes entre esses dois extremos, e sem dúvida precisamos aprender a discernir e direcionar corretamente os nossos desejos se aspiramos à serenidade e à alegria. Mas o modo como direcionamos os nossos desejos não afeta apenas a nossa vida pessoal: afeta também a vida de quem nos rodeia, a sociedade em que vivemos e, atualmente, todo o planeta.

TER OU SER?

O psicanalista e sociólogo norte-americano Erich Fromm afirma, no livro *Ter ou ser: Uma escolha da qual depende o futuro do homem* (1976), que a própria sobrevivência da humanidade depende da escolha que ela fará entre esses dois modos de existência. O nosso mundo, explica, está cada vez mais dominado pela paixão do ter, centrado na *aquisitividade*, no poder material, na agressividade, e só se salvaria adotando um modo de ser baseado no amor, na realização espiritual, no prazer de partilhar atividades significativas e fecundas. Se o homem não tomar consciência da gravidade dessa escolha, vai deparar com um desastre psicológico e ecológico sem precedentes: "Pela primeira vez na história, a sobrevivência física da raça humana depende de uma mudança radical no coração humano".[1] Publicada em 1976, essa obra não envelheceu nada e ainda hoje se mostra absolutamente relevante.

De fato, uma das peculiaridades do desejo do ser humano é que ele é infinito. Se situar o desejo essencialmente no domínio do ter, o ser humano permanecerá eternamente insatisfeito e ficará prisioneiro dos impulsos do cérebro primário, que não conhece limites. Essa incapacidade de o cérebro humano moderar naturalmente a busca pelo prazer o faz desejar sempre mais. Como vimos, essa busca é o motor das nossas sociedades consumistas e a causa da crise ambiental, como reconhece Sébastien Bohler: "Continuar a promover um sistema econômico que estimula os nossos grandes reforçadores primários é, sem dúvida, a pior coisa a fazer, mas infelizmente é o que estamos fazendo há mais de um século, e o preço disso é o nosso planeta".[2]

Se somos movidos, ao contrário, pelo desenvolvimento do nosso ser, nunca ficamos frustrados ou insatisfeitos: o conhecimento, o amor, a contemplação da beleza e o progresso interior nos preenchem sem, em momento algum, dar-nos aquela sensação de frustração própria dos desejos dirigidos ao ter. Certamente, sempre vamos desejar continuar conhecendo, amando, progredindo, mas essas buscas nos levam de uma alegria a outra e não acarretam consequências negativas para os outros nem para o planeta. Não me interpretem mal, porém: não menosprezo os bens materiais, acredito que é preciso encontrar um equilíbrio entre a matéria e o espírito, entre o ter e o ser. Quando se vive em grande insegurança financeira, é difícil cultivar serenamente a vida interior. Mas somos forçados a reconhecer que o mundo contemporâneo privilegia muito o ter em detrimento do ser, a competição em detrimento da colaboração, o reconhecimento social em detrimento da autoestima, e as consequências dessa ideologia estão se mostrando penosas para os indivíduos e devastadoras para o planeta. Todo ser humano aspira tanto a ser quanto a ter, e quando castra as necessidades da sua alma em benefício exclusivo das necessidades do corpo, quando interrompe sua busca pelo infinito em prol de coisas finitas, quando abandona a vida interior para preocupar-se apenas com seu lugar no mundo externo, ele se automutila e torna-se um predador para os outros. E a cultura dominante de nosso tempo nos empurra nessa direção.

No livro *O homem unidimensional: Estudos da ideologia da sociedade industrial avançada*, o filósofo e sociólogo norte-americano Herbert Marcuse descreve esse processo como "dessublimação repressiva". Trata-se de um processo em curso nas nossas sociedades de consumo e que consiste em desconectar os diferentes desejos dos indivíduos das suas sublimações clássicas, centradas na vida da alma, e em redirecioná-los, por meio de campanhas publicitárias, para a mera aquisição de mercadorias. Em sua magnífica canção "Foule sentimentale", Alain Souchon também expressa, de forma mais poética, essa discrepância entre a nossa aspiração profunda a *ser* e a obrigação de *ter*, uma discrepância que domina as sociedades ocidentais há décadas:

E nos infligem
Desejos que nos afligem.

Portanto, mais do que nunca é necessário um reequilíbrio entre ter e ser, entre as necessidades do corpo e as necessidades da alma. O que é mais animador nos testemunhos das pessoas que decidem mudar de vida, assim como nos testemunhos dos jovens que não querem mais trabalhar segundo os padrões atuais, é a insistência em querer redirecionar os desejos, privilegiando o *ser* sobre o *ter*. De fato, cada vez mais pessoas, especialmente entre os mais jovens, sentem uma necessidade imperiosa de ir na contramão da ideologia dominante, valorizando mais os bens espirituais, o amor, o conhecimento, que os bens materiais. Em vez do conforto e do prestígio social proporcionados por uma boa situação econômica, preferem uma vida sóbria e feliz que atenda aos desejos profundos de autorrealização, justiça social e respeito pelo planeta. Em vez da dominação e da competição, preferem a colaboração. Em vez de sucesso na vida, preferem uma vida bem-sucedida... vivendo em harmonia com os outros seres humanos e com todas as espécies vivas do nosso belo planeta. Embora ainda sejam minoria, eles são os pioneiros de novas buscas e de novos modos de vida que proporcionam um reequilíbrio salutar entre o ter e o ser, entre a exterioridade e a interioridade, entre a conquista do mundo e a conquista de si mesmo, entre o desejo-falta e o desejo-poder.

DESEJO, CONSCIÊNCIA E VERDADE

Como já lembrei várias vezes, o desejo é o motor das nossas existências — devemos aprender a cultivá-lo, mas também a direcioná-lo bem. Este último ponto é extremamente necessário, pois nosso desejo cria valor: é o desejo que cria o desejável. "Não desejamos uma coisa porque é boa, mas a consideramos boa porque a desejamos",[3] escreveu Espinosa. Essa pequena frase, para mim, é uma das mais importantes de toda a história da filosofia. Espinosa desconstrói, em poucas palavras, todo o idealismo platônico que há milênios tem impregnado as sociedades ocidentais, segundo o qual os valores universais (como o Belo, o Bom, o Justo, entre outros) mobilizam o nosso desejo. Na verdade, são os nossos desejos que determinam o valor das coisas e dos seres, e não o contrário. É por desejar uma pessoa que eu a acho encantadora. É por desejar justiça que quero praticá-la. É por desejar chocolate que digo que o acho gostoso (nem todo mundo aprecia chocolate!). É por desejar ficar rico que adoro dinheiro, ou, inversamente, é por desejar viver uma vida sóbria que lhe sou indiferente. É por desejar amar a vida que a considero bonita e boa. Dois séculos antes de Nietzsche, Espinosa inaugura assim uma moral "para além do bem e do mal". O que não significa, porém, que não existam o mal e o bem. Significa apenas que não existem em si mesmos: existem para cada indivíduo, de acordo com a sua natureza singular, na forma do que é bom ou do que é ruim — pois o que é bom para mim pode ser ruim para outro. "Chamamos de bem ou de mal", escreve também Espinosa, "aquilo que estimula ou refreia a conservação de nosso ser, isto é, aquilo que aumenta ou diminui, estimula ou refreia nossa potência de agir. Assim, é à medida que percebemos que uma coisa nos afeta de alegria ou de tristeza que nós a chamamos de boa ou de má".[4] A orientação de uma vida é, portanto, específica de cada indivíduo e está relacionada à sua natureza singular. Ainda assim, todos os indivíduos devem seguir ideias adequadas se quiserem orientar bem sua vida. Se forem movidos por ideias inadequadas, ou pela imaginação, acabam perseguindo paixões tristes e podem cometer atos violentos ou repreensíveis que prejudicam os outros. É por isso que Espinosa tem o cuidado de especificar: "Enquanto os homens são dominados por suas paixões, podem se opor uns aos outros [...]. Apenas na medida em que os homens vivam sob a direção da Razão é que, necessariamente, concordarão sempre por natureza". Assim, é ao orientar seus desejos por ideias adequadas que os seres humanos alcançam a alegria e, ao mesmo tempo, são mais úteis aos outros. Aristóteles e Epicuro já tinham sublinhado esse ponto ao mencionar a noção de *phronesis*, ou "razão correta", uma virtude intelectual essencial para levar uma vida justa. Se vivêssemos em uma sociedade em que todos os seres humanos estivessem livres da escravidão das paixões tristes — e vivessem, portanto, com uma liberdade interior iluminada pela razão —, não haveria necessidade de leis, de proibições nem de polícia. As leis religiosas e civis só serão úteis para a vida em sociedade — e até necessárias, no caso das civis — enquanto formos escravos das paixões e incapazes de orientar os desejos pela razão para engrandecer-nos, dessa maneira, em termos de alegria e sabedoria.

* * *

Explicando de maneira um pouco diferente: para levar uma vida justa e boa, é preciso submeter nossos desejos à consciência. Eu tenho um desejo: será que é certo, para mim e para os outros, realizá-lo? Ao usar o raciocínio, julgamos ter consciência dos nossos desejos, mas na verdade muitas vezes estamos simplesmente racionalizando a posteriori um desejo, e o nosso raciocínio é distorcido pela força desse desejo! Esse fenômeno também se observa no processo científico. É denominado "viés de confirmação de hipóteses": os pesquisadores interpretam os fatos de forma errônea porque só veem o que está de acordo com o que esperam, e deixam de lado — na maioria das vezes inconscientemente — todo o resto. Isso mostra como é difícil ter um olhar isento sobre os desejos, sobre aquilo que esperamos, ansiamos, acreditamos. Muitas vezes perdemos tempo justificando nossos desejos com argumentos errôneos, que não passam de álibis pseudorracionais. Examinar nossos desejos com a consciência pressupõe uma enorme sede de verdade. É por ter um grande desejo de verdade que posso superar meus outros desejos, minhas opiniões e minhas crenças, e submetê-los objetivamente à verdade dos fatos e da realidade. Isso é o fundamento da abordagem filosófica, na qual a verdade é a norma. Aristóteles tinha uma amizade profunda por Platão, mas afirmava que a busca da verdade era superior à amizade, o que o fez contradizer Platão em muitos aspectos.

De onde vem a consciência? Essa é uma pergunta vasta e espinhosa. A maioria dos cientistas, que adota uma postura filosófica materialista, nos explica que a consciência é produzida pelo cérebro e tem sua sede no córtex cerebral. Graças ao desenvolvimento do nosso córtex, podemos fazer escolhas racionais e tomar distância do cérebro primário. Certo, mas como aponta

Sébastien Bohler, é o córtex que obedece às injunções do corpo estriado:

> Nosso corpo estriado é igual ao de um macaco ou de um rato. O que nos diferencia dessas espécies é o uso coletivo que fazemos do córtex. E, infelizmente, esse córtex acaba recebendo ordens do corpo estriado. Uma das razões dessa distribuição desigual de papéis é a natureza das conexões em nosso cérebro. Essas conexões obedecem, em resumo, a um princípio simples: "O córtex propõe, o corpo estriado dispõe". [...] O imenso córtex do *Homo sapiens*, ao proporcionar-lhe um poder cada vez maior, põe esse poder a serviço de um anão embriagado de poder, sexo, comida, preguiça e ego. A criança com uma arma na mão não encontra mais limites.[5]

Platão, Aristóteles e os estoicos pensavam que a consciência vinha do espírito, chamado por eles de *noos* ou *logos*. Também estavam convencidos de que este era conectado ao divino e que, embora houvesse uma âncora corporal no cérebro, quem estava no comando não era o cérebro como tal. Essa pergunta sobre a origem da consciência continua, então, em aberto. E, seja qual for a resposta, o que nos interessa aqui é submeter nossos desejos à consciência.

URGÊNCIA PARA FILOSOFAR

Como acabei de dizer, em última análise tudo gira em torno dessa questão de desejar a verdade. Se esse desejo for maior que nossos outros desejos, seremos capazes de raciocinar de maneira adequada e usar o córtex para controlar o corpo estriado. Em alguns indivíduos, o desejo de verdade é inato. Pessoalmente, sempre estive comprometido com isso, e é por essa razão que, um pouco como Obelix, caí na panela da filosofia quando era adolescente — e a paixão pela verdade nunca mais me abandonou. Sempre preferi uma verdade dolorosa, que ia contra meus outros desejos, a uma ilusão agradável e lisonjeira. Entretanto, em relação a todos cujo desejo inato de verdade é menos intenso, estou convencido de que podemos fazer um trabalho por meio da educação. É por isso que estou envolvido desde 2014 com a organização de oficinas de filosofia destinadas a crianças e adolescentes. Tais oficinas desenvolvem nos jovens a capacidade de pensar, o pensamento crítico, uma melhor capacidade de ouvir o outro — e lhes transmitem o gosto pela verdade. Quantas vezes já vi crianças mudarem de opinião durante uma oficina, convencidas pelos argumentos de outra criança, e depois me dizerem: "Pensamos melhor em conjunto". E se pensamos melhor em conjunto é porque buscamos em conjunto o que é verdadeiro, para além de todos os nossos a priori e preconceitos. Foi por isso que em 2016 participei da criação da associação e fundação Seve (Saber Ser e Viver Juntos, na sigla em francês), sob a égide da Fondation de France, com o objetivo de formar facilitadores para oficinas de filosofia com crianças — e depois estabelecemos uma parceria com o Ministério da Educação. Atualmente, mais de 5 mil facilitadores foram treinados e centenas de milhares de crianças já se beneficiaram dessas oficinas, principalmente em bairros vulneráveis ou nas "cidades educativas", como a de Trappes. "É urgente popularizar a filosofia!", já proclamava Diderot, e Michel de Montaigne estava convencido de que isso permitiria que as crianças tivessem uma "cabeça bem formada", e não apenas uma "cabeça bem cheia".

DESEJO E DEMOCRACIAS

Diante do lugar preponderante que a tecnologia assumiu em nossa vida, tornou-se vital essa urgência de pensar bem. Vimos isso diante do desafio ambiental, mas também se aplica à sobrevivência das nossas democracias. Em menos de uma década, as redes sociais alteraram profundamente a coisas. A eleição de Donald Trump, em 2016, foi favorecida pelo uso intenso de mídia social para espalhar desinformação de todo tipo — e em 2020 Trump ainda tentou invalidar os resultados da eleição perdida usando os mesmos processos conspiratórios, o que levou o Twitter e o Facebook a bloquearem sua conta. A ascensão do extremismo que observamos na maioria das democracias do mundo está ligada, muito provavelmente, a este fenômeno: grande parte da população não se informa mais por meio de um confronto entre fontes diversas e contraditórias, e sim por uma única fonte, as redes sociais, que direcionam as informações, como já vimos, segundo os gostos e desejos de cada usuário. Se os cidadãos só tiverem acesso a informações que confirmam seus desejos e suas convicções, e se não forem mais capazes de ouvir os argumentos dos outros, nenhuma democracia poderá funcionar. É preciso ter uma compreensão comum da realidade que nos cerca, caso contrário não seremos mais uma nação. E isso nos remete à questão da verdade: se não estivermos todos realmente dispostos a discernir o verdadeiro do falso, não poderemos mais viver juntos por muito tempo. Cada um vai buscar as informações que sustentem o seu ponto de vista e os seus desejos, independentemente da veracidade dessas informações. Portanto, não haverá mais possibilidade de debate democrático — um debate que só pode ser baseado na boa-fé e no desejo de todos e de cada um de buscar a verdade para o bem comum.

* * *

O desejo é, assim, "a essência do homem" e o motor de nossa vida: nossa satisfação com a existência depende de como o cultivamos e direcionamos. Mas a sobrevivência de nossas sociedades também depende do direcionamento correto dos desejos, e isso não pode ser feito sem que eles sejam dirigidos, em última instância, pelo respeito aos seres vivos, pelo cuidado com os outros e pela busca da verdade. Portanto, é mais do que nunca necessário submeter nossos desejos à consciência: é esse, sem dúvida, o maior desafio do nosso tempo.

Notas

INTRODUÇÃO [pp. 9-17]

1. Cícero, *Tusculanes*. Trad. de Jules Humbert. Paris: Les Belles Lettres, 1930, v. IV.
2. Gaston Bachelard, *La Psychanalyse du feu*. Paris: Gallimard, 1938.
3. Aristóteles, *De l'Âme*, III, 9. Trad. de Richard Bodéüs. Paris: GF-Flammarion, 1999.
4. Baruch Espinosa, *Éthique*, III, "Définitions des affections". Paris: GF-Flammarion, 1965. [Ed. bras.: *Ética*. Trad. de Tomaz Tadeu. Belo Horizonte: Autêntica, 2016.]
5. Platão, *Le Banquet*. Paris: GF-Flammarion, 1964.
6. Aristóteles, *De l'Âme*, op. cit., II, 3 e III, 10.

PRIMEIRA PARTE: UMA SEDE INSACIÁVEL

1. PLATÃO E O DESEJO COMO FALTA [pp. 21-7]

1. Platão, *Le Banquet*, op. cit., 191d.
2. Ibid.
3. Ibid.
4. André Comte-Sponville, *Le Sexe ni la mort*. Paris: LGF, 2016.
5. Arthur Schopenhauer, *Le Monde comme volonté et comme représentation*, IV. Trad. de A. Burdeau. Paris: PUF, 1966, p. 57.

6. George Bernard Shaw, *Man and Superman* [1903].

7. Immanuel Kant, *Critique de la raison pratique*. Trad. de F. Picavet. Paris: PUF, 1971.

8. Id., *Fondements de la métaphysique des mœurs*, II. Trad. de V. Delbos. Paris: Vrin, 1980.

9. Platão, *Le Banquet*, op. cit., 211b-212b.

10. Ibid.

2. UM CÉREBRO CHAMADO DESEJO [pp. 28-34]

1. Henri Bergson, *La Conscience et la vie* [1911]. Paris: PUF, 2013. (Coleção Quadrige).

2. Sébastien Bohler, *Le Bug humain*. Paris: Robert Laffont, 2019.

3. Ibid.

4. Ibid.

3. O DESEJO MIMÉTICO [pp. 35-40]

1. René Girard, *Œdipe mimétique*. Prefácio de Mark Anspach. Paris: Éditions de l'Herne, 2010.

2. Id., "Mensonge romantique et vérité romanesque", em *De la Violence à la divinité*. Paris: Grasset, 2007.

3. Marcel Proust, *À la Recherche du temps perdu* [1913], citado por René Girard em "Mensonge romantique et vérité romanesque", op. cit.

4. René Girard, "Mensonge romantique et vérité romanesque", op. cit.

5. Ibid.

4. A INVEJA [pp. 41-5]

1. Aristóteles, *Rhétorique*, II, 9-11. Sobre o assunto, remeto ao excelente artigo de Sylvain Matton que me inspirou aqui: "Le Premier péché du monde", em Pascale Hassoun-Lestienne (org.), *L'Envie et le désir*. Paris: Autrement, 1998. (Coleção Morales).

2. Ibid.

3. Baruch Espinosa, *Éthique*. Paris: GF-Flammarion, 1965, "Corollaire", III, LV. [Ed. bras.: *Ética*. Trad. de Tomaz Tadeu. Belo Horizonte: Autêntica, 2016.]

4. Tomás de Aquino, *Somme théologique* [1485], 2a, 2ae, Q 36, art. 1, conclusão.
5. David Hume, *Traité de la nature humaine* [1739], II, segunda parte, seção 8.
6. Immanuel Kant, *Fondements de la métaphysique des mœurs*, op. cit., II.
7. Voltaire, *Sept Discours en vers sur l'homme* [1738], 3º discurso.

5. CONSUMISMO E MANIPULAÇÃO DO DESEJO [pp. 46-52]

1. Jeremy Rifkin, *La Fin du travail*. Paris: La Découverte, 2006; citado por Sébastien Bohler, *Le Bug humain*, op. cit.
2. Citado por Jean Baudrillard, *La Société de consommation* (Paris: Denoël, 1970; Folio Essais, 1986).
3. Ibid.

6. *POLEGARZINHA* ALIENADA [pp. 53-60]

1. Disponível em: ‹https://www.theverge.com/2017/12/11/16761016/former-facebook-exec-ripping-apart-society›. Acesso em: 9 abr. 2024.
2. Ibid.
3. Sébastien Bohler, *Le Bug humain*, op. cit.
4. Bruno Patino, *La Civilisation du poisson rouge*. Paris: Grasset, 2019. [Ed. port.: *A civilização do peixe-vermelho: Como peixes-vermelhos presos aos ecrãs dos nossos smartphones*. Lisboa: Gradiva, 2019.]
5. Gilles Lipovetsky, *L'Ère du vide*. Paris: Gallimard, 1983. (Coleção Folio Essais). [Ed. port.: *A era do vazio: Ensaios sobre o individualismo contemporâneo*. Lisboa: Edições 70, 2013.]

7. O DESEJO SEXUAL [pp. 61-71]

1. Sigmund Freud, "Au-Delà du Principe de plaisir", em *Essais de psychanalyse* [1922]. Paris: Payot, 2001. (Coleção Petite Bibliothèque). [Ed. bras.: "Além do princípio do prazer" [1920], em *Obras completas*, v. 14. Trad. de Paulo César de Souza. São Paulo: Companhia das Letras, 2010.]
2. Serge Stoléru, *Un Cerveau nommé désir*. Paris: Odile Jacob, 2016.
3. Jean Baudrillard, *Les Stratégies fatales*. Paris: Grasset, 1983. (Coleção Figures).
4. Byung-Chul Han. *Le Désir: L'enfer de l'identique*. Paris: Autrement, 2015. (Coleção Les Grands Mots).

SEGUNDA PARTE: A REGULAÇÃO DO DESEJO

1. ARISTÓTELES E EPICURO: SABEDORIA DA MODERAÇÃO [pp. 75-82]

1. Aristóteles, *De l'Âme*, op. cit., II, 3 e III, 10.
2. Sobre essa questão complexa, ver o excelente artigo de Laetitia Monteils-Laeng, "Aristote et l'invention du désir", *Archives de Philosophie*, v. 76, n. 3, pp. 441-57, 2013.
3. Aristóteles, *De l'Âme*, op. cit., III, 9.
4. Id., *Éthique à Nicomaque*, I, 5. Trad. de J. Tricot. Paris: Vrin, 1979. [Ed. bras.: *Ética a Nicômaco*. Trad. de Leonel Vallandro e Gerd Bornheim. São Paulo: Nova Cultural, 1991.]
5. Ibid., X, 7.
6. Epicuro, *Sentenças vaticanas*, 71.
7. Id., "Fragment 469", em H. Usener. *Epicurea*. Leipzig: Teubner, 1887.
8. Id., *Carta a Meneceu*, 129.
9. Id., *De rerum natura*, IV, v. 1073-6.

2. ESTOICISMO E BUDISMO: LIBERTAR-SE DO DESEJO [pp. 83-8]

1. Epiteto, *Manual*.
2. Id., *Conversas*, IV, 1.
3. Walpola Rahula, *L'Enseignement du Bouddha: D'après les textes les plus anciens*. Paris: Seuil, 2014. (Coleção Points Sagesse).

3. A LEI RELIGIOSA [pp. 89-95]

1. Deuteronômio 5,17-21.
2. Sébastien Bohler, *Le Bug humain*, op. cit.

4. RUMO À SOBRIEDADE FELIZ [pp. 96-105]

1. Ver a primeira parte do livro, capítulo 7.
2. Benoît Serre em France Info.

TERCEIRA PARTE: VIVER COM INTENSIDADE

1. ESPINOSA E O DESEJO COMO POTÊNCIA [pp. 109-16]

1. Baruch Espinosa, *Éthique*. Paris: GF-Flammarion, 1965. [Ed. bras.: *Ética*. Trad. de Tomaz Tadeu. Belo Horizonte: Autêntica, 2016, parte III, proposição 9, p. 106 e "Definições dos afetos", p. 140.]

2. Ibid. [Ed. bras.: parte III, proposição 11, demonstração, p. 107.]

3. Ibid. [Ed. bras.: parte IV, proposição 7, p. 162.]

4. Ibid. [Ed. bras.: parte V, proposição 42, p. 238.]

2. NIETZSCHE E "O GRANDE DESEJO" [pp. 117-23]

1. Friedrich Nietzsche, *Le Crépuscule des idoles* [1889]. Trad. de Henri Albert. Paris: GF-Flammarion, 1985. [Ed. bras.: *Crepúsculo dos ídolos*. Trad, notas e posfácio de Paulo César de Souza. São Paulo: Companhia das Letras, 2006, p. 28.]

2. Id., *Généalogie de la morale* [1887], 5, em *Œuvres*, v. II. Paris: Robert Laffont, 1993. (Coleção Bouquins).

3. Id., "Prologue", *Ainsi Parlait Zarathoustra*. Trad. de Henri Albert. [Ed. bras.: *Assim falou Zaratustra*. Trad. notas e posfácio de Paulo César de Souza. São Paulo: Companhia de Bolso, 2018, pp. 17-8.]

4. Ibid.

5. Id., *Le Gai Savoir*, p. 341.

6. Id., "Le Chant de la nuit", *Ainsi parlait Zarathoustra*. [Ed. bras.: *Assim falou Zaratustra*. Trad. notas e posfácio de Paulo César de Souza. São Paulo: Companhia de Bolso, 2018, "O canto da noite", pp. 100 e 102.].

7. Id., *Deuxième Considération intempestive*, p. 7.

8. Id., *La Volonté de puissance*, I.

9. Francis Guibal, "F. Nietzsche ou le désir du oui créateur", *Revue Philosophique de Louvain*, v. 82, n. 53, pp. 55-79, 1984.

10. Friedrich Nietzsche, *Le Crépuscule des idoles*, op. cit., "Flâneries inactuelles", 8.

11. Charles Baudelaire, "Le Spleen de Paris", em *Petits Poèmes en prose* [1869]. Paris: Gallimard, 2013.

3. CULTIVAR O ELÃ VITAL E SENTIR-SE TOTALMENTE VIVO [pp. 124-39]

1. Friedrich Nietzsche, *Ainsi parlait Zarathoustra*, op. cit. [Ed. bras.: *Assim falou Zaratustra*. Trad., notas e posfácio de Paulo César de Souza. São Paulo: Companhia de Bolso, 2018, "Da superação de si mesmo", p. 110.]

2. Henri Bergson, *L'Évolution créatrice*. Paris: PUF, 1986. (Coleção Quadrige).

3. Id., *Mélanges*. Paris: PUF, 1972.

4. Albert Camus, *Le Mythe de Sisyphe* [1942]. Paris: Gallimard, 1990.

5. Carl Gustav Jung, *L'Homme et ses symboles*. Paris: Robert Laffont, 1964. [Ed. bras.: *O homem e seus símbolos*. Trad. de Maria Lúcia Pinho. Rio de Janeiro: Nova Fronteira, p. 95.]

6. A expressão foi inventada por Richard Louv no livro *Last Child in the Woods: Saving Our Children from Nature-Deficit Disorder* (Chapel Hill, NC: Algonquin Books, 2005).

7. Aristóteles, *Éthique à Nicomaque*, op. cit., X, 7. [Ed. bras.: *Ética a Nicômaco*. Trad. de Leonel Vallandro e Gerd Bornheim. São Paulo: Nova Cultural, 1991.]

8. Friedrich Nietzsche, *La Volonté de puissance: Essai d'une transmutation de toutes les valeurs* (*Études et Fragments*), parte 3, p. 303 (trad. de Henri Albert).

9. Sophie Chassat, *Élan vital: Antidote philosophique au vague à l'âme contemporain*. Paris: Calmann-Lévy, 2021. Tomei emprestado para o título desta parte a linda expressão *"vivre aux éclats"* (viver soltando faíscas, viver com intensidade), que descobri nessa obra.

10. Ibid.

11. Ibid.

12. Georges Canguilhem, "Le Normal et le pathologique", em *La Connaissance de la vie*. Paris: Vrin, 1992. [Ed. bras.: *O conhecimento da vida*. Trad. de Vera Lucia Avelar Ribeiro. Rio de Janeiro: Forense Universitária, 2012.]

13. Ibid.

4. AS TRÊS DIMENSÕES DO AMOR-DESEJO [pp. 140-9]

1. Aristóteles, *Éthique à Nicomaque*, op. cit., VIII, 1. [Ed. bras.: *Ética a Nicômaco*. Trad. de Leonel Vallandro e Gerd Bornheim. São Paulo: Nova Cultural, 1991.]

2. Ibid., IX, 3, 20.

3. Ibid., VIII, 9.

4. 1º João 4,7-8;16.
5. Coríntios 13,1-7.
6. Julie Klotz, *Les Quatre Accords du couple*. Paris: Fayard, 2022.
7. Philippe Dautais, *Éros et liberté*. Bruyères-le-Châtel: Nouvelle Cité, 2016.

5. MÍSTICAS DO DESEJO [pp. 150-8]

1. Baruch Espinosa, "Traité théologico-politique", cap. V, em *Œuvres complètes*. Paris: Gallimard, 1955. (Coleção La Pléiade).
2. Evangelho segundo Mateus 5,17.
3. 1º João 4,8.
4. 1º João 15,12.
5. Evangelho segundo João 4,13-14.
6. Evangelho segundo Mateus 6,25-27. Sobre essa questão, ver o belo livro de Denis Marquet, *Osez désirer tout* (Paris: Flammarion, 2018).
7. Informação colhida pelo autor com Marc Halévy.
8. Jalāl al-Dīn Rūmī, *Diwân*.
9. André Padoux, *Comprendre le tantrisme: Les sources hindoues*. Paris: Albin Michel, 2010.

6. OUSAR DESEJAR E REORIENTAR A VIDA [pp. 159-70]

1. Jean-Jacques Rousseau, *Julie ou La Nouvelle Héloïse* [1761], sexta parte, carta VIII.
2. Carl Gustav Jung, *La Guérison psychologique*. Genebra: Librairie de l'Université Georg, 1953.
3. Sébastien Bohler, *Où est le Sens*. Paris: Robert Laffont, 2020.
4. Carl Gustav Jung, *L'Âme et la vie*. Paris: LGF, 1995.
5. Philippe Dautais, *Éros et liberté*, op. cit.

CONCLUSÃO [pp. 171-81]

1. Erich Fromm, *Avoir ou Être: Un Choix dont dépend l'avenir de l'homme*. Paris: Robert Laffont, 1978.
2. Sébastien Bohler, *Le Bug humain*, op. cit.

3. Baruch Espinosa, *Éthique*, op. cit., III, 9, "Scolie". [Ed. bras.: *Ética*. Trad. de Tomaz Tadeu. Belo Horizonte: Autêntica, 2016, parte III, proposição 9.]

4. Ibid., IV, 8, "Démonstration". [Ed. bras.: Ibid., parte IV, proposição 8, p. 163.]

5. Sébastien Bohler, *Le Bug humain*, op. cit.

ESTA OBRA FOI COMPOSTA PELA ABREU'S SYSTEM EM INES LIGHT
E IMPRESSA EM OFSETE PELA GRÁFICA PAYM SOBRE PAPEL PÓLEN NATURAL
DA SUZANO S.A. PARA A EDITORA SCHWARCZ EM AGOSTO DE 2024.

A marca FSC® é a garantia de que a madeira utilizada na fabricação do papel deste livro provém de florestas que foram gerenciadas de maneira ambientalmente correta, socialmente justa e economicamente viável, além de outras fontes de origem controlada.